经济学通识教育译丛



# THE NEW FINANCE
## OVERREACTION, COMPLEXITY, AND THEIR CONSEQUENCES, 4e

# 新金融学 第四版
## 过度反应、复杂性及其结果

罗伯特·A·豪根/著
Robert A. Haugen
马亚/译

中国人民大学出版社
·北京·

# 前言

本书认为股票市场是无效率的，在这种无效市场上，投资者交互影响的复杂性和独特性在市场定价方面发挥了重要作用。

有效市场的范例是市场所有可能状态的极端情况，因此，这种观点的支持者必须承担证明的责任。他们要抵挡不相信这一范例的人们的进攻。他们还有责任指出那些提出证据认为市场有效性与事实不符的人的错误。

此外，市场有效性已经多次被其他人所证明。但是持相反观点的人也越来越多，为了以示公平，本书以及我的其他两本书《华尔街野兽：股票波动如何吞噬我们的财富》(*Beast on Wall Street*：*How Stock Volatility Devours Our Wealth*) 以及《股票市场的无效性：付出了什么及原因》(*The Inefficient Stock Market*：*What Pays Off and Why*) 形成三部曲，一起全面系统地收集了有关证据和论点，用大量强有力的证据证明股票市场的复杂性，经常处于无序状态，总是过度反应，特别是对于公司过去的成败记录。这个市场的价格极不精确，来自其他股票价格的各种信号成为市场主要的推动力。

在本书中，我将支持以下观点：

- 现在的股票市场的参与者一直在犯一个根本性的错误——对公司的成败记录过度反应。在久远的过去也曾经出现过这种错误，只是得到了修正。在 20 世纪 50 年代末期股票投资者又开始犯这个错误，而且一直持续到今天。那些认识到错误后重新构建自己的股票投资组合或寻找共同基金的人们将会得到超出股票市场平均水平的业绩。

- 由于前面的错误，那些在未来被预期创造高收益的股票被称为最安全的股票，而高风险的股票可能会被预期创造最低的收益！

● 因为投资行业存在代理问题，现在的机会在将来仍可能存在。

● 金融经济学模型从假定的偏好汇总得出有关市场定价的结论。博弈论模型认为市场参与者之间存在交互影响，但是在给定偏好、财富、信息和可以明确想到的其他方面，认为对同样的刺激个体的反应也是相同的。新金融学讨论的是每一个交互影响必须被当作一个完整的独特性，以任何方式从具有偏好的、不同行为的交互影响的个体中进行总结，试图形成有关无意义的市场价格的结构和行为的有意义的结论。因此，理性经济学和行为经济学都需要重新考量。

● 投资者的交互影响形成了股票收益波动性的一个附加成分。波动性中价格推动成分的发现应对 1929 年的股市崩盘和经济大萧条负责。

## 此版中新的内容

我职业生涯中最好和最重要的工作体现在此版新的两章之中。第十章“股票期望收益率的真实决定因素”，讨论的是期望收益率的因素模型。这项新的研究（以前从未发表过）显示了用三种模型验证的从 1962 年至今几十年的历史业绩。这一章也证明了几十年来股票期望收益率决定因素的一个显著的一致性。第十一章“危险的会谈”，与今天的金融危机高度相关，讨论的是股票波动性本质的证据，也包括股票市场与实体经济活动之间的历史相关性的证明。

全书的图表都进行了更新，最近公开发表的研究也在每一章中合适的地方加以体现。此版的写作和交付出版是在 2008 年的夏天。而当 2009 年 1 月我拿到样书时，全球的经济情况已经发生戏剧性的变化。在第十一章中读者会找到与现在的状况相关的内容。现在，我和你一样，只希望股票的波动性减小从而我们可以避免一次经济灾难。

献给简·鲍勒（Jan Bowler）和杰克·道尔顿（Jack Daulton），我的学生和老师

想了解我有关这些论题的观点可以访问 http://ssrn. com/abstract=1306523

# 目录

# Contents

# 第一章　寻找圣杯

## 探索者们

几十年来，全世界商学院的金融学教授们一直执著地研究着计算机处理过的数据库。这些数据库包含证券价格和会计数据的各种信息。教授们试图寻找到市场为何如此行为的方式和线索。

在最近的三十年里，上述努力得以回报。市场行为的秘密或是俗话所说的证券投资者的圣杯正在被迅速地揭示。

结论与已经存在的金融经济的分析范式即现代金融学，也是每一位MBA被要求掌握的智慧的结晶完全不同。而支持这种已成为既定思想的证据已逐渐弱化。取而代之的是非常不确定的市场和过度反应的价格，市场几乎是完全颠倒的，即风险最高的证券其期望收益率是最低的，而风险最低的证券却有最高的回报！

我们所了解的内容如此重要以至于不久后可能颠覆旧的分析范式。也就是说，现代金融学可能会被新金融学所替代。新金融学将揭示以下内容：什么样的证券是最好的投资、公司如何筹集资本、如何监管公共事业以及CFO们如何估测资本成本。

大量的证据说明投资者对公司过去的业绩反应过度，增长股（growth stock）的股价相对于这些数据来说太高了，而价值股（value stock）则较低。这些过度反应的结果是，经过较长的时间后，高价股票为投资者创造了较低的回报，而低价股票反而带来较高的回报。

## 著名的F&F研究

尽管有关价值股与增长股相对业绩的研究已历经数年，但它们仍然被现代金融学的支持者所忽视。这些研究不被重视是因为这些成果存在一些可疑的问题。

例如，存在残存偏差。他们仅验证了那些在研究期内存活下来的价值股和增长股的相对业绩。由于价值股倾向于前景较差，公平地说，在那些没有存活下来的股票中，更多的是价值股。而剔除了未存活股票的研究，可能会带来有关其真实相对业绩的错误结论。

但是这些被忽视的研究比起偏差问题具有更大的价值。

那么，为什么它们被忽视呢?

当你在阅读这本书的时候，请始终带着这个问题。

无论如何，伴随着来自芝加哥大学的两位教授，尤金·法马（Eugene Fama）和肯·弗伦奇（Ken French）（F&F）经典研究论文的发表，情况有所变化。[①] 法马是股票市场有效性这一观点的最初提及者。对于一个有效市场，价值股与增长股业绩之间的任何差异都源于价值股具有更高的风险。这就是 F&F 在其文章中提到的观点。F&F 研究没有对其观点提供证据，他们所提供的证据（虽然没有提及）说明了与之观点相反的真实性。

F&F 研究不仅没有被忽视，而且还在 1992 年被《金融学季刊》（*Journal of Finance*）选为最佳论文，《金融学季刊》在金融学领域是历史悠久、享誉卓著的期刊。

F&F 研究覆盖了 1960—1990 年的整个时期，其样本选择了纽约证券交易所、美国证券交易所以及纳斯达克的几乎全部股票。

F&F 集中研究了证券持有者股本的账面价值和市场价值之间的关系。

账面价值是会计师估算股东投资公司的价值，从某种程度而言，它建立在历史成本的基础上。公司总资产的会计价值扣除在股东之前的要求权，这些索取者包括供应商、银行、债券持有人及其他，剩余的才属于股东。

前面我们曾提到过，会计价值是以历史成本为基础的，它不能反映未来价值。

---

① E. Fama and K. French, "The Cross-Section of Expected Stock Returns," *The Journal of Finance* (1992).

相反地，股票的市场价值能反映未来价值，如果未来前景比平均水平更好，那么市场价值将比会计价值高很多。

设想一家公司开发了新产品。该产品的历史成本较小，但销售利润上升。于是，该公司未来会产生更多的现金流。有鉴于此，市场将给予这家公司股票更高的评价，这种增长型股票的会计价值要比其市场价值小得多。未来的问题是，“如果竞争对手带来价格更低和边际利润更小的产品，是否会逼迫这家公司的利润逐渐下降至平均水平?”如果市场在现实价格中没有体现出这种可能性，投资者将不愉快地发现，随着竞争者的进入，股票价格将会下降，未来的回报也会变得令人失望。

增长前景较差的股票情况则正好相反。

设想一家经营不善、低效的公司。基于其仍将维持无法获利的经营方式，收益报告反映出营利能力差、股价下跌。对于这种价值不高的股票，其账面价值是大于市场价值的。同时，未来的问题是：“公司的董事会能否解雇原有的经营者，引入新的管理者，而将公司的盈利水平带回平均水平吗?”如果市场未将这种可能性考虑到股票的现价中，当公司变得有效率、股价不断上升、未来的回报出人意料得好时，市场将会收获意外的惊喜。这种情况不断反复。

也许你还记得以前，达拉斯牛仔队（Dallas Cowboys）曾经从超级碗杯（Super Bowels）冠军（高价格增长股）滑到联盟比赛的底部（低价格增长股），然后又重新赢得超级碗杯（高价格增长股）。

无论如何，**高价格增长股**：其账面价值与市场价值的比值较低；**低价格价值股**：其账面价值与市场价值的比值较高。

F&F想知道，对于现在账面价值与市场价值比不同的股票，其未来回报的相对重要性。

他们的研究始于1963年中期，在选取的公司样本中，他们依据账面价值与市场价值比进行分类排序。

低价格股票排在最上面，而高价格股票排在底部。

排序的工作在年中进行是因为他们想确保投资者能够获得所有需要

的数据（包括会计数据和市场数据）。尽管市场数据当天即可获得，但会计数据需要在会计年度结束后几个月才能获得，可以确定，每年 7 月 1 日之前所有公司都能够公开其会计数据。

被选取的股票分为 10 组，每组股票数量相等。价格最低的放在第 1 组，价格最高的排在第 10 组。

购买所有组的股票作为资产组合并持有到 1964 年中期。然后依据账面价值与市场价值比对仍然存在的股票重新排序，依旧按照 1963 年的方式重新组成资产组合。到 1965 年中期，他们再次考察。一直到 1990 年，每年都重复这样的行为。

每组股票从 1963 年到 1990 年的平均收益率如图 1—1 所示。①

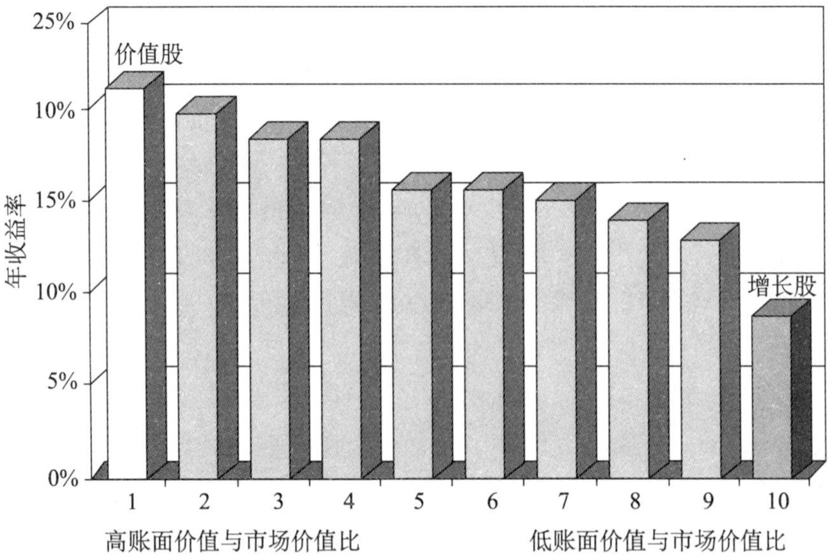


**图 1—1　用账面价值与市场价值比预测收益率**

仔细分析一下。

① 图表数据来源于 F&F 论文中的表 IV。各组的分组临界点是基于纽约证券交易所股票的年度统计排名。

低价格股票的收益率* 为 21.4%，而高价格股票的收益率仅为 8%。①而从第 1 组、第 2 组、第 3 组一直观察下去，收益率一直在下降。

可以肯定的是，每一组所包含的近 200 只股票，随着时间的变化在各组间发生移动。未来前景变化了，股票也会在高价和低价之间变化。但是，对于充分分散的投资组合，账面价值与市场价值比能够对未来回报进行很好的预测。

这并不是说所有高价股票都注定具有低的未来回报。在任一给定的年份中，第 10 组股票收益率的变动范围较大。微软大概位于第 10 组中，虽然在考察期内其具有高的收益率，但是第 10 组中其他较低回报的增长股将其作用抵消了。

## 钻石尖还是钻石柱

现在让我们专注于复利 8%和 21.4%之间的差异。

假如你是一位一般水平的投资者，你每年能够拿出 2 000 美元投资于个人退休金账户。现在你 30 岁，计划 65 岁时退休。

---

* 回报与收益、回报率与收益率含义相同，本书未做区分。

① Kothari，Shanken，and Sloan [S. P. Kothari，J. Shanken，and R. G. Sloan，"Another Look at the Cross-section of Expected Stock Returns，" *Journal of Finance* (1995)，pp. 185-220] 认为 F&F 揭示的账面价值与市场价值比在某种程度上是由于标准普尔数据库（F&F 的大部分数据来源）包含残存偏差。1978 年，数据库得到了很大的扩展，将 1978 年尚存在的公司数目增加到 6 000 家；然而，增加的公司在 1978 年之前就存在了，只是没有加入数据库。在另外一篇论文（Harindra de Silva，"What Underlies the Book-to-Market Effect，" Graduate School of Management，University of California，Irvine，1995）中，这种计算方法再次用于 1982—1992 年的数据库中，而这一段时期并不存在残存偏差。De Silva 将公司的月平均收益率先按规模再按账面价值与市场价值比作出如下排序：

| | 低账面价值与市场价值比 | | | | 高账面价值与市场价值比 |
|---|---|---|---|---|---|
| 大 | 1.10% | 1.19% | 1.09% | 1.29% | 1.48% |
| | 0.50% | 0.85% | 0.99% | 1.23% | 1.15% |
| | 0.20% | 0.68% | 0.94% | 1.13% | 1.00% |
| | 0.61% | 0.87% | 0.96% | 1.16% | 1.52% |
| 小 | 2.59% | 2.98% | 2.77% | 3.57% | 6.91% |

据此，他认为残存偏差不是导致"账面价值与市场价值比效应"的根源。在第九章中，我们通过估计价值股和增长股的预期未来收益率，从而更为深入地分析残存偏差对 F&F 结论的影响程度。历史表现与未来预期之间存在差异的一个原因可能就是数据中存在着残存偏差。

你有 35 年的时间积累退休金。

这笔资金如何投资呢？

你将面临一个选择：要么投资于增长股（第 10 组股票），要么投资于价值股（第 1 组股票）。

依据 F&F 研究给定的平均通货膨胀率，8%的年名义收益率相当于 2.47%的年实际收益率。这使你的退休金账户在退休时可增长到 109 232 美元（按实际收益率）。如果你在青壮年时期持续投资，并且能够获得每年 2.47%的真实收益率（像高价格股票），那么在退休后你将每年得到 2 698 美元的退休收入，而本金却不减少：

109 232 美元×2.47%=2 698 美元

好运气，真是不错的退休生活！

另一方面，如果你的投资能够产生低价格股票的收益率（如第 1 组资产组合），那么你退休金的增长将如图 1—2 中的柱状图所示。

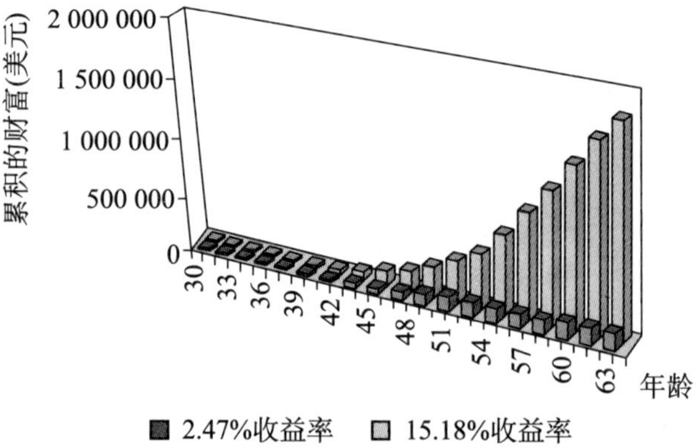


**图 1—2　通向钻石柱和钻石尖之路**

到你退休的时候，以 15.18%的实际收益率计算，你的退休金账户将累计达到 1 839 369 美元。如果在退休后继续投资，你将每年得到 279 216 美元的收入：

1 839 369 美元×15.18%=279 216 美元

想想吧。

对于 30 岁的投资者，每年在个人退休金账户中存入 2 000 美元，以低价格股票和高价格股票过去的业绩差异而言，意味着退休时 100 倍的财富差异，即奢华的退休生活与贫穷的退休生活的差异。这意味着你将拥有钻石尖般地在夏威夷最舒适的海滩上度过退休生活，还是过着如钻石柱般圣盖堡区的生活。而且即便是后者，你也可能需要一些富亲戚的帮助。

你有机会选择是成为钻石尖还是钻石柱。

**黄金机会将会消失吗?**

需要注意的是新金融学的黄金机会（Golden Opportunity，GO）是一种长期战略。它不会让你一夜暴富，但也不会在我们眼前消失。假定2008年的经济衰退是历史的偏差，投资专家一致的观点是在长期内，资本将会继续创造平均回报。我们不太可能看到大量的资本流向黄金机会，以致提高价格，降低其随后的回报。

为什么？原因是股价主要被机构投资者（养老基金、保险公司、信托基金和慈善基金）所控制。由于管理资产组合的受托人会因为短期的业绩不佳而受到严厉的惩罚，所以他们不敢利用黄金机会。

虽然这些机构投资者越来越意识到黄金机会的存在，但是他们仍然犹豫是否利用这类机会。这些基金主管的业绩 3 年或 5 年就要评估一次，因此，他们也就变得目光短浅了。[①] 对美国的股票投资来说，通常参照标准普尔 500 指数来评价业绩。这个指数包含了美国最大的 500 只股票。我们在稍后将会指出，以市场资本总额而言，这个指数包含的增长股远远超过价值股。

标准普尔 500 指数的业绩是由高价的增长股决定的。

因为如果股票投资的业绩在短期内低于标准普尔 500 指数，这些受托人很可能被解雇，所以即使知道投资低价股在长期内会得到更好的回报，他们也不敢避开高价股而去投资低价股。

这就把黄金机会留给了我们这些普通的个人投资者。如果机构投资者不改变现在的思路，看起来他们也不会改变，那么黄金机会对于我们就将一直存在。如果它一直存在，那么你将不用投入大量资本就会在资本市场致富。

---

① 由于投资管理公司的技术和人员经常变动，当期技术水平的评估一般与长期业绩无关，因此形成了绩效管理的短视行为。

每年 2 000 美元的投资就能将你带到钻石尖。

## 低风险、高回报?

更多的好消息。通向钻石尖的道路比通向钻石柱要更平坦，因为为到达钻石尖，你所投资的股票相对更安全。

正如市场所表现的，高价股比低价股的风险大。包含大量高价股的证券投资组合的回报每年的波动更大。对高价股的期望越高，受到的打击可能越大。而对低价股的期望低，结果反而是它们的市场回报比较稳定。

再回到 F&F 研究。

我们可以利用 F&F 的研究成果验证增长股是否更具有风险。F&F 用 $\beta$ 系数来衡量风险。$\beta$ 系数表示的是股票回报相对于市场指数回报（标准普尔 500 指数）的变化。假如一只股票的 $\beta$ 系数是 0.5，那么说明当市场指数上升 1%时，该只股票的预期回报将上升 0.5%。如果这只股票的 $\beta$ 系数为 2，那么当市场指数上升 1%时，该只股票的预期回报将上升 2%，或者说是市场指数变化的两倍。

$\beta$ 系数正如它所表现的，是用以度量单一证券（或一个证券投资组合）相对总体证券市场的风险或波动性。比如，如果一个证券相对于标准普尔 500 的 $\beta$ 系数是 2.00，那么该证券对标准普尔 500 指数波动性的影响是同等规模但 $\beta$ 系数为 1.00 的某只股票的两倍。

F&F 又进行了相同的排序过程，但这次是按照 $\beta$ 系数而不是账面价值与市场价值比。1963—1992 年的每年中期，他们按照 $\beta$ 系数对所选股票进行排序，$\beta$ 系数小的放在第 1 组，$\beta$ 系数大的放在第 10 组。

然后，他们考察了 1963—1990 年间 10 组证券每组的平均账面价值与市场价值比。①

① 分组数据是基于单个股票历史 $\beta$ 值形成的。标注的 $\beta$ 值是按 1963—1990 年的统计数据计算的。

结果[①]如图1—3所示，我们标注了账面价值与市场价值比和$\beta$系数。[②]

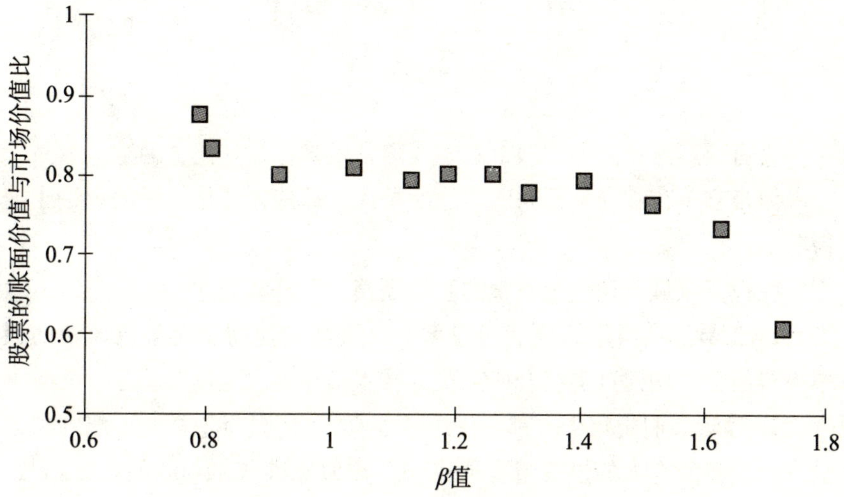


**图1—3　以$\beta$值排序的资产组合的账面价值与市场价值比**

资料来源：E. Fama and K. French，"The Cross-Section of Expected Stock Returns," *Journal of Finance*，1992，pp. 436 - 437.

他们将第1组和第10组分别分成两个小组，每一组都包含同等数量的股票。第1a组的平均$\beta$系数为0.5（非常低），而第10b组的平均$\beta$系数为1.5（非常高）。[③]

我们不用任何统计检验就能看出明显的事实。第10组较高风险的股票是高价股，却有着最低的账面价值与市场价值比。相反，风险最低的股票是最便宜的。

事实是高价股具有高风险和低回报，而低价股却有低风险和高回报。这是新金融学最有趣的发现之一。

这意味着，在将来，你在公共事业股的投资回报会高于在航空公司股的投资回报。

哇！

---

① 图表数据来源于F&F论文中的表II。

② 这里，股票的年度排名是基于历史$\beta$值（由过去两年数据估计），因此账面价值与市场价值比较小。

③ 绝大多数股票的$\beta$值在0.4到1.60之间。

# 第二章　旧金融学

具有讽刺意味的是，旧金融学实际常常被称为现代金融学。

但是它正在被完全不同的思想所替代，那些曾经是前沿的理论正变得陈旧。

在投资领域，现代金融学的基础涵盖三个基本概念：

**1. 工具。**在给定的预期回报率下，可能构建的具有最低风险的股票投资组合。构建这类组合所需要的技术被称为“工具”。

**2. 理论。**假想每个人都会使用“工具”，情况将怎样？可能的结果是，我们将所有人的投资组合形成一个类似标准普尔 500 的市场指数，而那个市场在给定的期望回报率下具有最低风险。这种想法建立在普遍使用“工具”的基础上，它被称为资本资产定价模型（Capital Asset Pricing Model，CAPM），也就是我们说的“理论”。

**3. 幻想。**如果所有的股票价格能够反映所有可知的相关信息又会怎样？这种概念被称为有效市场。或者叫它“幻想”吧。

“工具”没有任何问题，只不过事实上几乎没有投资者使用它。①

这很不幸地使“理论”形同虚设。如果没有人使用“工具”将不必要的风险从投资组合中剔除，那么市场指数（指我们将所有的投资组合放在一起得到的市场指数）将不会在目标期望回报率下使风险最低。因此，会存在相同回报率而风险更低的资产组合。

“幻想”所宣称的是证券价格能够对新信息反应迅速且无偏差。

这不是事实，大量与此宣称相反的证据常常令人震惊。

事实上，证券价格缓慢地过度反应，即投资者倾向于过度反应，并且这种反应的滞后期很长。

正如我们所见，很有可能构建一个比标准普尔 500 指数具有更高回

---

① 此外，养老基金等机构投资者利用资产配置水平来决定投资于债券或股票等资产种类的资金量。定量投资经理也利用这种方法对多、空头组合收益率差异的波动率进行管理。实际上，对冲基金是将其卖空的股票进行组合。传统做多的经理实际上在“做空”标准普尔 500 等基准指数。

报和更低风险的股票组合。

"工具"很新颖，但"理论"是多疑的。

而"幻想"只能存在于我们的梦想之中。

## 工 具

1950年春天的一个下午现代金融学诞生于芝加哥大学。① 它最初产生于一个叫哈里·马科维茨（Harry Markowitz）的年轻的研究生的脑海里。

哈里当时正在J. V. 尤斯潘斯基（J. V. Uspensky）的《概率论》（*Introduction to Mathematical Probability*）② 的帮助下解决一个问题，该问题后来成为其博士论文的一个部分。他试图描绘如何构造风险一定的情况下回报率最高或回报率不变情况下风险最低的证券组合。

当2 000万张彩票售完时，如何才能用1美元的彩票赢得1 000万美元的累积赌注？

有两个可能的结果：(a) 1 000万美元，(b) 一无所获。

两个结果的概率是：(a) 两千万分之一，(b) 1减两千万分之一。

期望的结果是：

1 000万美元×1/2 000万美元=50美分

期望的回报率是：

(50美分−1美元)/1美元=−50%

结果并不尽如人意，但还是让我们面对现实，尽管暴富的希望很小但我们也要为之付出代价。

一般而言，股票预期回报率会高一些，低的在5%左右，高的可达到25%左右。

在那个春天的下午，哈里发现证券组合的回报率是这个组合里每只股票的平均回报率，当然，需要按照组合里股票的投资金额进行加权

---

① 确有其事。

② J. V. Uspensky, *Introduction to Mathematical Probability* (New York: McGraw-Hill Book Company, 1937).

平均。

例如，两只股票，一只股票的期望回报率为 10%，另一只为 20%。将你资金的三分之一投资在第一只股票上，剩余资金投资于第二只股票。那么，这个组合的期望回报率将是：

$$1/3\times10\%+2/3\times20\%=16.67\%$$

这太简单了，到下午 3 点钟，哈里已经完成了更具难度的工作。他找到了如何计算股票投资组合风险的方法。

风险是指不同预期回报率的各种可能性。

风险还可以是每天、每月和每年回报率的波动性。

美国电话电报公司（AT&T）的股票风险低，而联合航空公司（United Airlines）的股票风险高。

哈里发现股票投资组合的风险不像预期回报率那样容易计算。组合的风险不仅取决于组合里各种股票价格的波动性，还会受到组合内各种股票相互关系变化的影响。

玉米需要雨水，而洋蓟不需要。在东部种植玉米，在西部种植洋蓟，则无论怎样都会有收获。

油价的上升对埃克森公司（Exxon）来说是好事，但对联合航空公司而言就是坏事。而如果你两种股票都买了，那么你将不用关心油价的涨跌。

低风险的证券投资组合具有良好的风险分散性，它所包含的各种股票价格受多方面因素的影响比如石油、汇率、天气等。

哈里知道如何计算投资组合的风险和预期回报。

但是如何构建最佳的投资组合呢？

在那个春天的下午 4 点，哈里解决了如何使一个股票投资组合的风险最小的问题。

图 2—1 给出了与风险相应的期望回报率。小圆点代表单个投资者的风险和期望回报率。假如你希望你的投资组合具有 10%的回报率，图 2—1 中有一些股票能够满足你的要求，但是它们同时也具有较高的风险。

哈里计算出如何将股票组合起来使风险降低到大圆点——给定预期回报风险最低的组合。（这里为 10%的回报率。）对不同的回报率重复上述工作，就能够找到被 MBA 称为有效集的区域，即图 2—2 的弧线以内。这些组合是在一定回报率下风险最低的组合或一定风险下回报率最高的组合。（从现在开始，我们把有效集称为“子弹”。）

40 年以后，哈里因此获得了诺贝尔经济学奖。

我必须要说，这真是个很棒的下午！

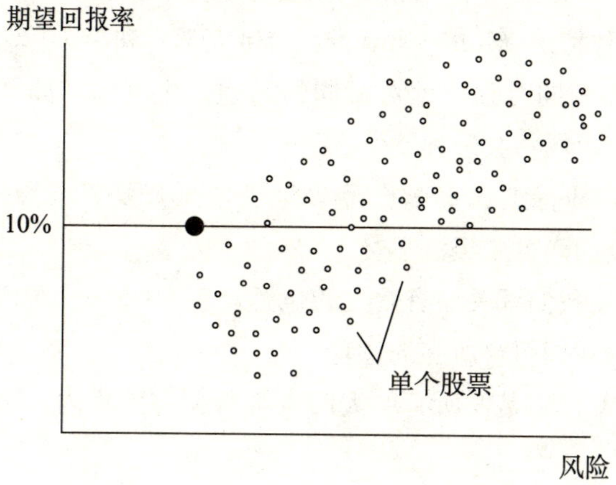


**图 2—1　回报率为 10%的最低风险组合**

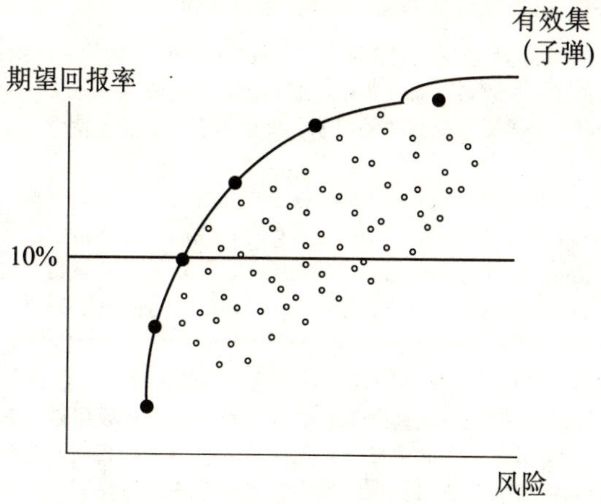


**图 2—2　有效集（子弹）**

## 理 论

“理论”背后的思想很简单。如果我们全部使用“工具”，那么市场将会是怎样的?[①]

哈里发现“工具”十年之后，比尔·夏普（Bill Sharpe，斯坦福大学）、约翰·林特纳（John Lintner，哈佛大学）和简·莫辛（Jan Mossin，伯根大学）同时独立地对相同的问题产生疑问，即“如果我们全部使用工具，市场将会怎样”[②]。

1990 年，林特纳和莫辛已经去世了，只有夏普因为提出“理论”而获得该年度的诺贝尔经济学奖。

“理论”使我们都关注有效集的位置，正如图 2—3A 所标出的，那些大圆点代表我们组合所在的位置。

“理论”的作用是使所有的大圆点都落在有效集内，理解这一点非常重要。[③]

---

① 实际上，该“理论”假设人们在使用“工具”时不受任何限制。例如，“理论”假设可以采用任何方式卖空一只股票，而现实中，股票出借人可能会要求卖空者将卖空所得进行现金投资。如果任何一个投资者受到这种限制，即使所有投资者均使用“工具”，“理论”也不会生效。

② J. Lintner, “The Valuation of Risk Assets and the Selection of Risky Investments on Stock Portfolios and Capital Budgets,” *Review of Economics and Statistics* (February 1965); J. Mossin, “Equilibrium in a Capital Market,” *Econometrica* (October 1966); and W. F. Sharp, “Capital Asset Prices: A Theory of Market Equilibrium,” *Journal of Finance* (September 1964).

③ 现代金融学（如行为金融学）通过对微观主体的决策进行假设，形成这一假设框架下的资产定价理论。例如，现代金融学者假设，对于所有的投资者，其效用或福利的增加是投资者财富的二次函数，在此假设下，该投资者可以根据预期回报率和波动性进行投资选择。理性投资人将根据其效用函数的特质在有效集内进行投资。该假设下的资产定价理论解释了预期回报率和 $\beta$ 值之间的线性关系。行为金融学者可能会修正效用函数，使其能够对非理性行为具有解释力。这些行为也支持其资产定价理论。二者均从（微观）主体决策框架出发来揭示（宏观）定价理论，皆使用了演绎法。新金融学则使用归纳法来研究资产定价结构。第十二章将论述演绎法并不能解释众多个体决策者相互影响而产生的复杂性。

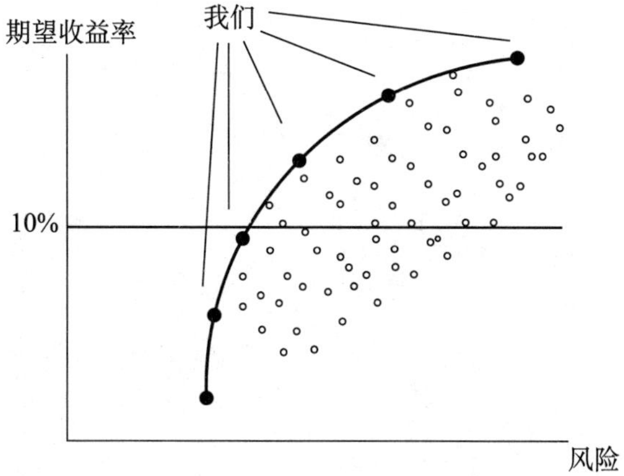


**图 2—3A　有效边界**

我们必须使用“工具”①。(你知道你被猜测正在使用“工具”吗?)

如果我们这样做了，那么这些大圆点将会形成市场指数，如图 2—3B 所示，市场指数也将是有效的（即在给定的预期回报率下风险最低）。

汇集单个投资者的微观行为可以得出一个宏观结论。

“理论”类似许多经济模型，我们最初设想单个投资者如何行动，然后得出某个市场价格下他们行为的集中效应。正如我们将在第十二章里要讨论的，当单个投资者的行为和反应趋于一致时，基于总体行为的预期将是没有价值的。

在某种程度上，“理论”预言市场指数是有效投资。②

---

① 根据工具论，“理论”预测市值加权市场组合应位于马科维茨边界（即显示资产组合权重的曲线）。当所有投资者持有的证券组合均位于马科维茨边界上时，该结论就是正确的。因此，在这种情况下，我们就得到了市值加权市场组合的预期有效组合。资本资产定价模型的支持者不能依靠这样的观点，即其预测作用会由于理性交易人通过保证金的买进和卖出而加强。投资者没有动机为实现市场组合均值—方差的有效性而交易。假设所有投资者都持有均值—方差有效组合，而您的祖母却选择持有单一股票组合（如美国电话电报公司）。理性交易人仍然认为组合处于有效边界上。然而您祖母的股票（不在有效边界上）也将与其他投资组合一样共同构成市场组合。理性交易人没有动机阻止您祖母不遵循资本资产定价模型的预期结论。

② 因此，“理论”为机构投资者如养老基金持有类似于总市场组合的权益组合（股票经理的总投资组合）或指数提供了一个方便明确的原理。尽管许多养老基金员工实际上或想象中相信“理论”，但他们大多数还是消极地或集体地投资于市场指数，因为这可以减轻指数低迷带来的恐惧。

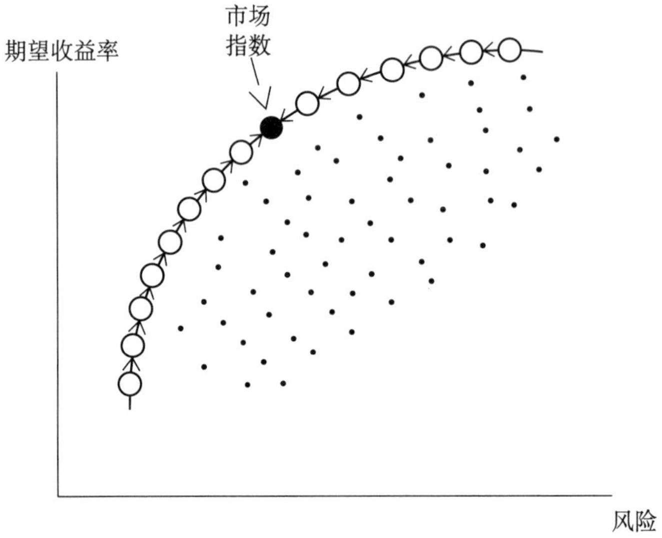


**图 2—3B　我们共同创造了市场指数**

甚至有些大圆点在有效集内部时，市场指数同样也是有效的。

那么，我们所有的人都使用“工具”吗？

你还记得你十几岁时的事吗？当你某次约会回家晚了，试图从后门溜进去时却发现你的父母还没有睡觉，他们是在等你吗？并不是。事实上，他们是在努力地研究下个月的投资能否位于有效边界上。

还记得吗？

和你的祖母在电话里聊了半天，可她的话语里充满了对这个月有效边界的特别形状的关注，以及她应该如何应对？

还记得吗？

好吧，即便我们都不使用“工具”，支持“理论”的人肯定在用。

他们在用“工具”吗？

抱歉，哈里。你可能需要花费漫长的时间来找到一个利用“工具”管理其股票投资组合的资金管理人。[①]

---

① 一些更为侧重定量分析的经理利用风险要素模型来对投资组合可能偏离市场基准（通常是标准普尔 500）的风险进行管理。但与“理论”不同的是，这些经理并不试图将组合风险最小化。

因此说，股票管理人并不太关心其股票回报率的波动性。①

他们只是关注他们已下“赌注”的行业或部门。他们关心的是对每只股票的投资金额。

并且很多人特别关注相对于基准组合（如标准普尔 500 指数）的跟踪误差。

跟踪误差？

跟踪误差是他们的投资组合与基准组合回报率之间差异的波动性。

将跟踪误差降至最低，你因业绩不佳而被雇佣你的养老基金解雇的可能性就会减少。

这些管理风险的管理者运用量化的方法，即“工具”的某种版本来计量跟踪误差，而不是回报率的波动性。

但是，“理论”的有效集是依据波动性而不是跟踪误差。

因此，“理论”的支持者们并没有试图使用所谓的有效集。

几乎没有人用。②

但是，“理论”假设他们都在使用有效集。

包括我们在内。

尽管事实上我们并没有试图持有“有效边界”上的投资组合，但是金融学教授最喜欢的消遣之一仍是对“理论”的预测是否真实进行复杂的检验。

那么，市场指数位于有效集内吗？

依据本书的结论和对专业及非专业投资者行为的随意观察，我可以自信地回答：“不”。

更离谱的是，有些教授甚至检验在“工具”发明之前的时期里，“理论”的预测是否真实。

在 1950 年，甚至更早以前，在“工具”没有发明之前，我们怎么可能就在使用“工具”了呢？

难道拿破仑可以驾驶法拉利去滑铁卢吗？

---

① 波动性是一组回报率的标准差。

② 全球最大的专业投资软件供应商 Barra 公司的前首席执行官安德鲁·拉德（Andrew Rudd）曾告诉我，他们的客户并不使用软件来管理回报率的波动性而是使用软件来管理跟踪误差。

这些教授简直是在开玩笑！①

## 幻 想

仍然有一些金融学教授幻想股票市场上的绝大多数投资者是专业和理性的，为了找到价值被低估的股票，这些投资者想尽办法搜寻所有的角落，期望发现一点线索。

每当他们发现一个线索，他们就迅速行动。他们的交易推动股票价格的调整，而股票价格的迅速调整反映出线索中的信息。

现代金融学从不在意我们这些没有线索的小人物的交易行为。

从不在意我们被贪婪和恐惧所驱使。

我们的情感对股票价格没有任何影响，因为专业而理性的投资者非常有效地维持着市场价格水平。②

将一个宗教狂热分子带到喜马拉雅山顶，指着已变成化石的某种海洋动物，问他如果世界仅有几千年的历史，那么它是如何形成的。

狂热分子："很简单，是上帝放到这儿用来迷惑像你这样的异教徒的。"

异教徒："先生，虽然我承认有你说的这种可能性，但是我仍然相信有更加合理的解释。"

许多异教徒现在正在金融数据中发掘那些能够证明有合理解释的"化石"，因为这些"化石"除了那些最热心的狂热分子外，大多数人都会认同其存在的原因。

---

① 在 L. Chan 和 J. Lakonishok 的"Are Reports of Beta's Death Premature?"（*Journal of Portfolio Management*）中，作者认为关于资本资产定价模型，"模型似乎非常出色，直到 20 世纪 50 年代中期。可能是马科维茨的观点根本就不算新颖，因为边际投资者在马科维茨出生之前就知道如何构建有效组合。"正如在第 15 页注释①中所讨论的，边际投资者并不坚持该理论的预期结论。此外，我们应指出作者在进行回归的过程中并未进行规模控制。在第六章中，这是检验风险与期望回报率二者关系的关键。

② 见 R. 豪根和 N. 贝克（R. Haugen and N. Baker，"Case Closed"），不可否认地证明了股票市场是高度无效的。该论文可以在 http：//ssrn. com/abstract＝1306523 免费下载。

# 第三章 短期是多长？

## 短期和长期

记得你在经济学课程中所学的知识吗？

正常利润，即在给定资本投资规模、当前的利率水平以及与公司业务有关的风险的条件下，公司取得的公平合理的利润。

异常利润，即高于或低于正常水平的利润。

在经济学课程中，教授告诉我们处于竞争行业的公司其异常利润的获得仅存在于短期。在长期内，公司将面对一些诸如资本投资的增减、更多的竞争者等情况。一方面，竞争者进入营利性行业，推动价格下降、争夺市场份额，从而导致利润回归到正常水平；另一方面，竞争者退出非营利性行业，又会促使剩余公司有增加利润的可能，继而推动价格的上升，使市场份额进一步扩大，从而导致利润提升到正常水平。那些退出的公司重新投资于其他行业，用这种方式回归平均或正常的利润水平。

但是，我们的经济学教授忘记告诉我们非常重要的内容。那就是短期究竟有多长？我们知道，对于不同的行业短期的概念是不同的。有些行业的进入壁垒比其他行业高，短期对于它们就长得多。比如对可口可乐公司而言，短期可能是很长的时间，因为人们所喜欢的可口可乐口味的配方是个秘密。

但是一定存在所有行业的短期平均数，那么平均的短期是多长呢？

本书的一个主要命题是，短期最多仅持续几年的时间。

无论如何，无效市场的价格无法反映这些。人们倾向于错误地预期异常利润会在未来持续很长时间。正是由于这个原因，成功的公司价值被高估，不成功的公司价值则被低估。于是，随着竞争者的进入或退出，业绩比预期更快地回归均值。从前高价股的投资者就会对利润报告感到失望，而从前低价股的投资者则会欣喜若狂。

在本书中我们将用强有力的证据说明事实的确如此。

初学者可以参考 UCLA 的两位教授 Jegadeesh 和 Titman（JT）的研究。[①] 对公司宣布的好消息和坏消息，市场将如何反应？他们的研究提供了重要的启发。

首先，JT 将股票分为成功者和失败者，然后再测算这些股票随后的相对业绩。[②] 在他们的样本中，过去六个月中收益最高的 10%的股票被定义为成功者，收益最差的 10%被定义为失败者。

其次，他们观察在随后 36 个月中每个月连续 3 天成功者和失败者的相对表现。每个月，他们测量该月份报告盈利公司的业绩，并仅测量这些公司每季度宣布每股盈利的当天和前两天的回报率。

需要说明的是，对成功者与失败者排序后的第一个月，JT 仅关注在这个月报告盈利状况的公司。对于这些公司，他们进一步观察在利润报告当天与前两天成功者与失败者回报率之间的差异。

如图 3—1A，我们画出了成功者与失败者回报率之差，过去的成功者在“现在”之后的第一个月以及之后的七个月内回报率都高于失败者。[③]

很明显，在这七个月中，市场由于成功者的利润报告而惊喜，而由于失败者的利润报告而沮丧。[④]

成功者在六个月的跟踪期内有好的利润报告，而失败者则表现不佳。我们这里的好与不好都是相对于市场预期而言，因此说这些是市场

① N. Jegadeesh and S. Titman，“Returns to Buying Winners and Selling Losers：Implications for Stock Market Efficiency，” *Journal of Finance*（1993）.

② JT 研究报告覆盖了 1980—1989 年，因此避免了标准普尔数据库的残存偏差。研究包括纽约证券交易所和美国证券交易所中可用数据的所有公司。

③ 实际上，存在一系列的“现在时刻”，每一个时点代表一年。在每个时点上取结果的平均值。

④ 早期的会计文献可以证实这些结果的正确性。例如，见 V. Bernard and J. K. Thomas，“Post-Earning-Announcement Drift：Delayed Price Response or Risk Premium，” *Journal of Accounting Research*（Supplement 1989）；V. Bernard and J. K. Thomas，“Evidence That Stock Prices Do Not Fully Reflect the Implications of Current Earnings for Future Earnings，” *Journal of Accounting and Economics*（1990）；and J. B. Wiggins，“Do Misconceptions about the Earnings Process Contribute to Post-Announcement Drift?” unpublished manuscript（Ithaca，NY：Cornell University）.

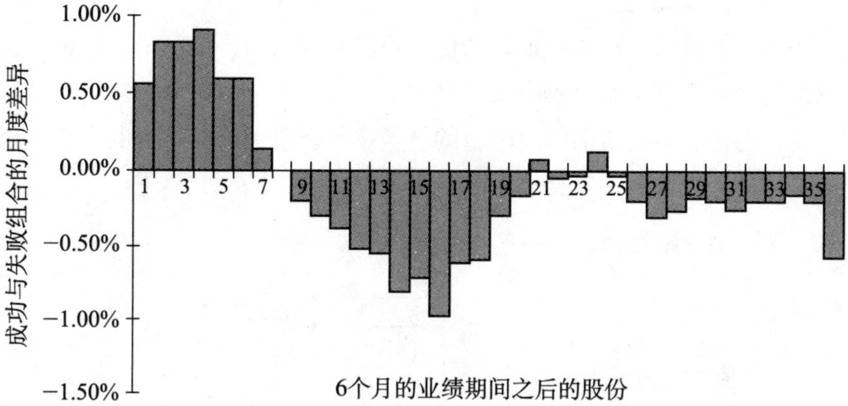


**图 3—1A　成功者和失败者组合在公告日的月回报率差**

资料来源：N. Jegadeesh and S. Titman, "Returns to Buying Winners and Selling Losers: Implications for Market Efficiency," *Journal of Finance* (1993), p. 88.

的"意外"。

在这七个月中市场的"意外"反映出市场没有能够预期到好的季度报告预示着接下来仍然会有几个好的报告，差的季度报告预示着还会有差的报告。跟随着的好的或差的报告给市场以"意外"，成功者的业绩超过了失败者。

一个理性的有效市场会意识到这种趋势，它会提前预测到好的或差的报告，而不是等它们到来时才做出反应。①

但是看看第八个月发生的情况吧。

现在，以前被归为失败者的股票在利润公告日显示出高回报率②，注意这种趋势每月都是一致的。

显然，市场对八个月以前以及之前六个月的"意外"过度反应。

市场相信在过去 14 个月的一连串好（坏）报告之后将是更多的好（坏）报告。

① 第 1～7 月，公告日业绩的月际差异至少在 5%的水平上显著。

② N. Jegadeesh and S. Titman, "Profitability of Momentum Strategies," *Journal of Finance* (April 2001). 上述文献讨论长期中对过度反应的修正，在中期趋势中发现一处有意思的季节性模型。他们发现成功者（明显优于市场的股票）在除 1 月外的所有月份中表现出色，而失败者（明显弱于市场的股票）则在 1 月表现出色。

但是并非如此。

第八个月后，过去失败者的出乎意料的好的报告带给市场惊喜，而以前的成功者却带给市场不快。

结论是公司报告的每股回报的增长率具有迅速回归均值的特点，上述是你第一次看到的支持这个结论的证据。

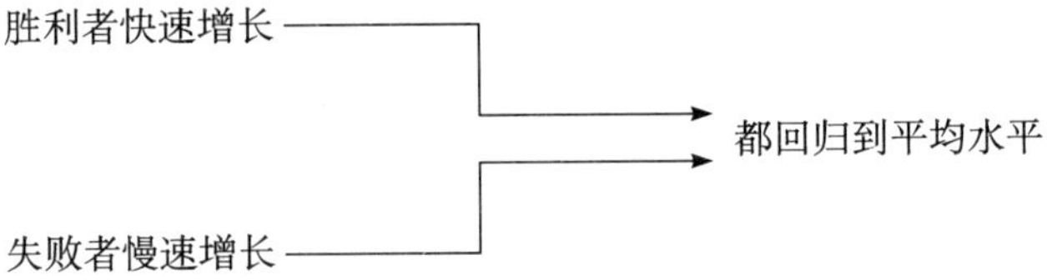


好的和差的都迅速回到平均水平。

均值的回归比预想的要快得多。

看起来不成功的低价股获得负的异常利润，而成功的高价股获得正的异常利润。这种模式在图 3—1B 中非常明显，该图显示出成功者和失败者回报率之差的累计值。到第 36 个月的时候，从累积的结果看，失败者的业绩超过了成功者。[①] 这表明开始的六个月与随后的八个月的业绩总和是一种过度反应，但在最后的 22 个月中，过度反应又得到了修正。

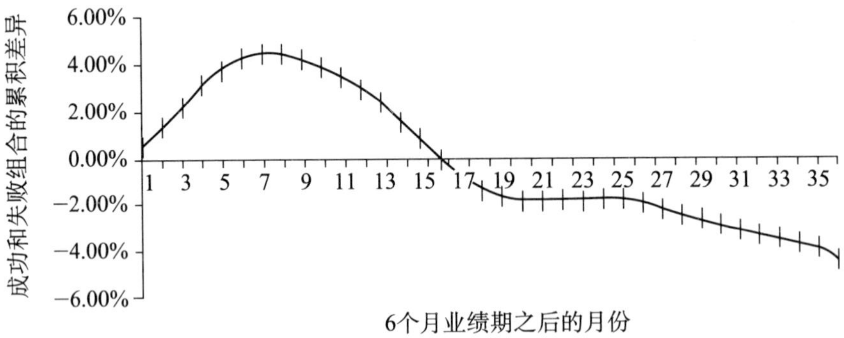


**图 3—1B　成功和失败的投资组合在公告日的累积差异**

① 第 11～18 个月中，成功者和失败者业绩表现的月际差异在 5%的置信水平上显著，除了第 21、24 个月，失败者业绩表现优于成功者。

市场会过度反应，但是存在时滞。

而笨拙、无效的市场甚至不能很快地犯错误。

## 推动我们去钻石尖的发动机

图 3—1A 和图 3—1B 所揭示的模式也不断被其他研究所验证。用前六个月的回报率来界定成功者与失败者，在这六个月里，成功者的业绩超过了失败者。而且在随后的七个月中，成功者还可以继续维持其胜利者的地位。

因此，从中期来看①，业绩好的股票有保持好业绩的趋势，业绩差的股票则会变得更差。

市场无法认识到好消息预示着在未来会有更多的好消息，因此也无法认识到价格对好消息的积极反应也会在未来对随后的好消息做出更积极的反应。

而对坏消息也确实会有类似的效应：

"＋"之后是"＋"

"—"之后是"—"

从中期看，股票价格具有惯性。②

但是"＋＋"和"——"之和倾向于过度反应，这些过度反应在惯性消失后才会被修正。

市场之所以会出现过度反应是因为它相信一系列积极或消极的公告将预示着在未来会出现同样情况的公告。

市场相信增长股将会继续增长，而价值股将会持续走低。

这是错误的。当市场发现后续情况与之前的预测不一致时，它会对价格进行修正从而使得开始的惯性模式发生反转。

---

① 为了获得图 3—1B 中的回报率，你应该在投资组合内部进行交易，以便在每月初投资于那些预期报告本月利润的股票。

② 也存在短期反转的股票回报率类型。如果一只股票在过去的一两个月中表现相对较好，下一个月会有表现较差的倾向。这些反转现象可能是由于投资者对各种事件及随后价格压力（有些人试图购买或抛售大量股票而迫使股票价格高于或低于其均衡价值）的过度反应——这种变化最后将被修正。

正如图 3—1A 和图 3—1B 指出，修正发生在一个持续期后，修正的幅度非常明显，的确是抓住黄金机会的动力。

"++"之后是"−"

"−−"之后是"+"

中期[1]的惯性之后是长期的反转。

我们通过投资便宜的价值股到达钻石尖。今天，便宜的股票已在过去经历了"−−"。因此，现在我们持有低价股将意味着未来我们会获得"+"。

有趣的是，我们可以通过观察回报率的波动性来验证这种模式，回报率可以用不同的时期表示，比如每周、每月、每年甚至许多年。

波动性度量了股票回报率月度之间或年度之间的差异程度。

考虑图 3—2，我们在横轴上划分了两个时段（时间的长度以后再给出定义），纵轴表示股票的价格。

实线表示股价的惯性，上升之后是上升，下降之后是下降。虚线表示股价的反转。

假设我们计算第一个时段（从 0 到 1）的股票回报，不管是在惯性还是反转的模式下，可能回报的波动区间都是相同的。

但是若在两个时段内测量（从 0 到 2），那么在惯性情况下回报率的波动区间要比反转模式下大得多。如果回报率具有惯性，那么增加回报率时间间隔的长度，波动率的幅度也会快速加大。如果回报率出现反转模式，那么增加回报率的时间间隔长度，波动率的幅度会缓慢地上升，也有可能下降。[2]

假定图 3—2 中的时间间隔是一周，如果股票价格在短期内（几个月）具有惯性，我们会发现，随着计算回报率周数的增加，波动性增加得很快。存在惯性时，增加测量回报率的时间间隔，可能的回报率范围也在急剧增加。如果回报率每周都保持相同的方向，那么下一个月的回报率将根据其开始时的上升或下降的状况而加速上升或下降。验证了在

---

① 与之前讨论的短期或长期有别。

② M. Lee and B. Swaminathan, "Price Momentum and Trading Volume," *Journal of Finance* (October 2000). 上述文献证明，有迹象表示，成交量高的股票在过去六个月中的动量效应大致是低成交量股票的 3 倍。

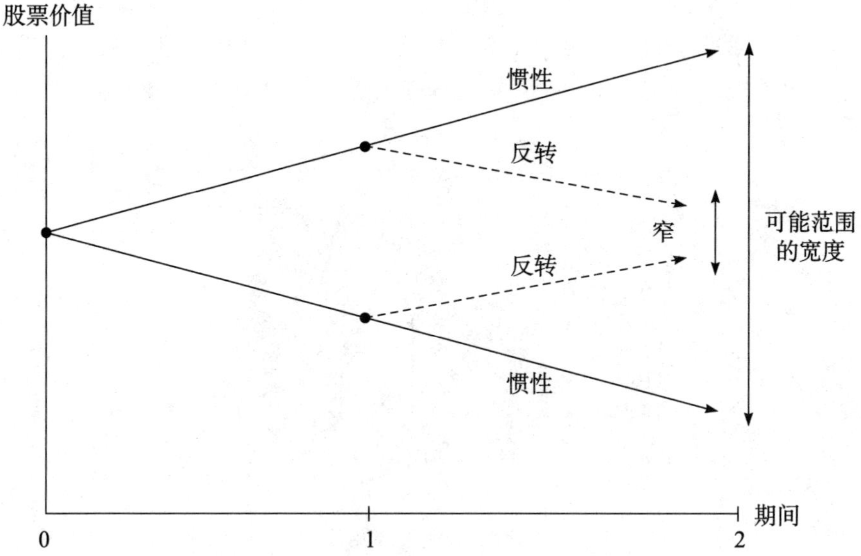


**图 3—2　惯性和反转模式下可能结果的范围**

惯性期间内上升之后是进一步上升，下降之后是进一步下降。

相反，如果周回报率处于反转模式下，开始的上升或下降会被随后的反向变化所抵消，使得月回报率的波动不会太大或太小（负向）。

当我们将时间间隔从周增加到月时，股票回报率的波动性又会发生什么变化?

图 3—3 画出了麻省理工学院教授安德鲁·罗和宾夕法尼亚大学教授克雷格·麦金利（Andrew Lo and Craig MacKinlay，LM）[①] 的研究结果。LM 将股票分成包含小、中、大三个规模的组合。[②]

纵轴表示相对没有惯性或反转模式下波动性变化的百分比[③]，横轴

① 如果我们将波动性平方，我们就得到了方差。如果序列中不存在反转或惯性现象（假设该序列为随机序列），则其方差与回报率的时间长短成比例。年回报率的方差应为月回报率的 12 倍。

② A. W. Lo and A. C. MacKinlay，"Stock Market Prices Do Not Follow Random Walks: Evidence from a Simple Specification Test，" *The Review of Financial Studies* (Spring 1988).

③ 他们的研究中所覆盖的股票数量从 2 036 种到 2 720 种不等，取决于最终时点。所有的股票均出自纽约证券交易所和美国证券交易所。他们的研究时段为 1962 年 9 月至 1985 年 12 月。回报率包括股息和资本利得。

表示用于测量回报率的周数。很明显，随着测量周数的增加，与没有惯性相比，回报率的波动性明显增加。① 这种变化趋势在小规模公司中尤其突出。因此，可以说小公司的股票比大公司的股票更具有惯性。

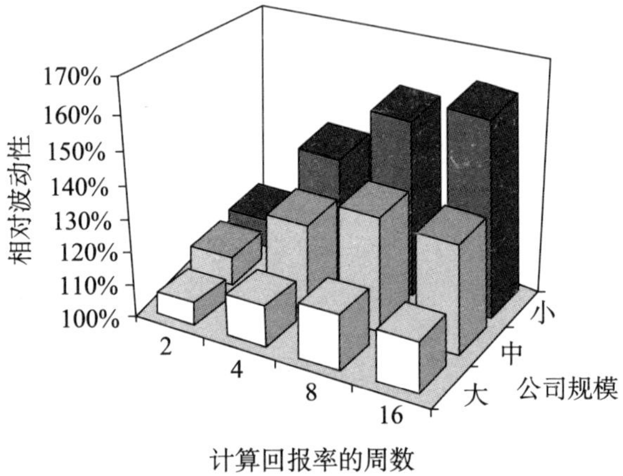


**图 3—3　相对于没有惯性和反转模式的序列的波动性**

资料来源：A. W. Lo and A. C. MacKinlay，"Stock Prices Specification Test，" *Review of Financial Studies*（1988），Table 2.

中期具有惯性。

一个积极事件之后是更多的积极事件，市场并没有认识到这一点。例如，好的利润报告预示着会有更多好的利润报告。由于没有意识到这一点，市场对第一个报告的反应是不完全的。在有效市场上的完全反应应该能够反映出经过修正的预期，即能够反映出接下来几个季度的更多的好的利润报告这一事实。这样，当接下来几个季度的好的利润报告如期实现时，市场就没有必要再产生正向反应了。(即不会有过度反应了。)

另一方面，证据证明了在更长的时间间隔上度量回报率时，股票价格会表现出反转模式。

假设图 3—2 中时间间隔更长一些，比如以年计。如果在几年而不是几周内便显出反转性，那么我们将会看到随着计算回报率年数的增加，波动性的增加将越来越慢。尽管回报率在开始急剧的上升或下降，

① 即如果序列为随机序列且方差与回报率的时间长短成比例。

但会被接下来更长时期内的反转性所消化，这样在整个期间内，回报率将会保持在较窄的波动区间内。（即回报率的波动性会降低。）

让我们看一下当回报率的测量间隔从几周增加到几年时，波动性的增加是否真的变慢了。

图 3—4 是波特巴和萨默斯（Poterba and Summers，PS）[1] 的研究结果。萨默斯是克林顿政府的前任财政部部长。图 3—4 的基本性质与图 3—3 是一致的，只是我们用年代替了周，用不同的国家替代了不同规模的公司。[2] 注意每个国家的回报率的波动性都比没有反转模式时所预期的小。[3]

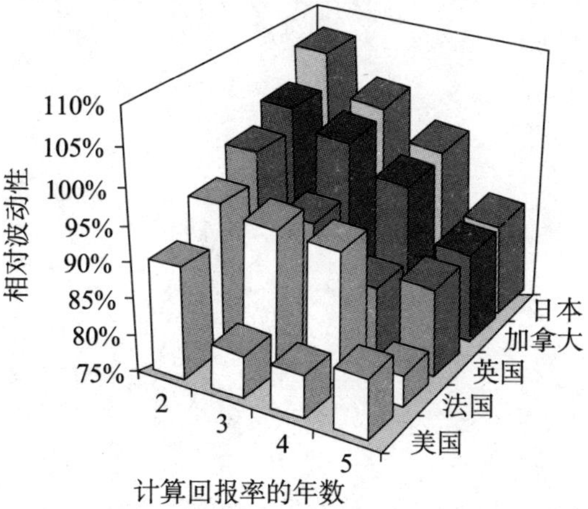


**图 3—4 相对于没有反转或惯性的序列的波动性**

资料来源：J. Poterba and L. Summers，“The Implications，” *Journal of Financial Economics*（1988），Table 4.

**长期的反转。**一旦几个积极或消极事件的趋势成为现实，市场将会认为这种趋势会在未来持续一段很长的时间。例如，如果一个公司的每

---

① 所有的波动性比率在 95%的置信区间内显著高于 100%。

② J. Poterba and L. Summers，“Mean Reversion in Stock Prices，” *Journal of Financial Economics*（December 1988）.

③ 除加拿大和英国外，其他国家所覆盖的时期为 1957—1986 年。加拿大为 1919—1986 年，英国为 1939—1986 年。所有的回报率均进行了通胀调整，并且不包含股息收益。波特巴和萨默斯通过计算英美市场的含股息回报率，对不计股息的影响进行了检验。这些结果显示，忽略股利的影响是比较小的。

股利润在过去的三个季度中增长很快，那么市场会认为这预示着在未来几个季度中该公司都会有持续的增长。因此该股票的价格将在这种预期下不断膨胀，但市场是错误的，过去的成功并不意味将来也是成功的。一旦盈利增长不再时，该股票过去累积的膨胀将开始消退，长期的反转模式就会出现了。

将 LM 和 PS 的研究结果一并考量，我们可以确认的是市场是缓慢地过度反应的。

我想知道，狂热分子依据这样的“化石”如何证明他们对于“幻想”的信念。

# 第四章　古代的金融学

## 增长股不会永远增长

为了使故事继续下去，我们需要改变一下时间与地点。①

1925 年 9 月 24 日，曼哈顿，市中区，第 43 大道街边。

早晨下过的暴雨使路上积满了水。一辆车飞驰而过，前轮正好压在一个水洼里，雨水四溅，恰好打在路边一位看起来十分高贵的绅士身上。

埃德加·劳伦斯·史密斯（Edgar Lawrence Smith）知道今天他真是不走运。

那辆 1923 年产的 Pierce-Arrow 牌汽车毫不犹豫地开走了。

埃德加看起来像是早上从大西洋潜水而来的人。

他愤怒地将雨伞打到一辆拐弯驶向第五大道的四轮马车上。

笨蛋!!!

他生气不是因为裤子被弄湿了，而是因为他需要穿着干净得体的衣服去参加哈佛经济学学会（Harvard Economic Society）的活动。

只有五分钟的时间了。

他一直走到哈佛俱乐部，走到楼内，穿过那个充溢着烟草气味的阅览室，来到他将要进行演讲的会议室。

会议室里大约坐了 50 位学会会员，他们都穿着非常干净得体的服装。学会主席乔纳森·克里斯弗（Jonathan Crestview）先生立即上前问候，埃德加的演讲也是他安排的。

“史密斯先生，感谢您今天光临指导，我们非常期待听您谈谈您的书。但是您怎么了？您像刚从大西洋里捞出来似的，给您拿条毛巾

① 尽管下述情景是虚构的，埃德加·劳伦斯·史密斯书中所陈述的文字反映了他的观点。

好吗?”

“我没事，有时我希望我们与马更好相处，马可比纽约人文明多了。”

为了向其他人掩饰自己的窘态，埃德加站在了讲台的后面，让克里斯弗在旁边介绍自己。

“先生们，先生们！请就座。今天我们荣幸地邀请到埃德加·劳伦斯·史密斯先生，也就是《将普通股作为长期投资》（*Common Stocks as Long-Term Investments*）① 一书的作者。正如大家所知，这本书包含了我们中的多数人感到很有争议的一些观点和发现。现在我们有机会进行交流，相信我们会有所启发。史密斯先生，您现在可以开始演讲了。”

埃德加翻开笔记本放在面前，从讲解书里出现的大量表格开始。埃德加花费了几年时间非常辛苦地整理了美国最大的一些公司发行的普通股和债券的业绩。他从 1836 年开始一直跟踪着这两类证券在不同时期的表现，直到 1923 年。

他的发现是：就年回报率而言，普通股的业绩在这一期间内远远地超过了债券。而且不仅在此期间是这样，在大部分子期间内也是如此。

第一次辩论，从房间的后面开始了。

“但是，史密斯先生，可以确定的是，普通股和债券回报率的巨大差异是由于过去 60 年来一些特殊事件的披露。如果不是因为这些因素，差异可能会大大缩小，甚至不存在。”

“我承认这一点，但请注意，差异在我们度量回报率的所有期间内是重复出现的。”

“您真的要求我们相信差异在今后 60 年里仍然继续存在吗？这太荒谬了！”

“我没有想要你们相信任何事。我的这些数据仅仅说明了过去发生的事情，你们可以自己判断将来会发生什么。”

现在埃德加转向这次演讲中最具有争议的内容，即依据普通股未来的前景对其进行估值。

---

① E. L. Smith, *Common Stocks as Long-Term Investments* (New York: Macmillan Company, 1925).

“让我回顾一下普通股内在价值估值的基本过程。你们都知道，会计师采用非常不同的标准编制用来度量公司收入与财富的损益表和资产负债表，而我们首要的工作就是把这些报表上的数字标准化。今天在这里我不想讨论我们通过哪些手段来实现数字的标准化，因为我认为我们的处理是合理与适当的。而且这一标准化的过程也不是我今天要讨论的重点，我的重点是要分析这些数字的意义。

“我们分析的基础是每股收益当前的正常价值。事实上，在我们所接受的正常的经营条件下如果每股收益反映出任何不正常的情况，我们中的大多数人也会修正这个价值。我们希望在正常条件下能够找到对公司盈利能力的估计值。

“这个数字，也就是已经正常化的当前价值成为我们估计股票内在价值的基础。可以肯定的是，对不同的股票我们所采用的权重是不同的，依据就是不同公司的盈利质量与相对风险程度。

“今天我要对你们说的是在股票内在价值的计算中还有另外一个被忽略的因素。”

房间里开始响起一阵兴奋的议论声，然后马上安静下来。

埃德加的脚下已有一片水渍。

“我的结果清楚地表明，在股票市场上一个充分分散化的组合可以获得确定的本金增长，但并不是所有的股票都具有相同的增长潜力。在估计股票内在价值的时候，我觉得应该合理地考虑本金在未来的增加潜力。”

人群发出嘈杂的声音，声音越来越大，甚至变成了咆哮。

一位相当强壮的分析师贝克（Bekker）站起来，“增长？你是说正常收益的未来增长吗？”

“是的，本金的增长与它有关。”

贝克：“这简直是胡说！我们都认为对未来增长的考虑是一种投机而不是投资。”

埃德加知道贝克的意思，投资是你可以预测的并在某种程度上能够实现的，投机则基本上是一种运气，是不可预测的。

埃德加：“我的结论是，不同普通股的本金增长具有一个很宽的范围，这主要是因为不同的股票在未来的本金增长潜力是不同的，那些具有较大潜力的股票应该具有更大的乘数。”

房间前面有人提问：“那么你有什么证据来支持你的结论呢？”

“相对于债券，股票所具有的较高回报是因为过去的股票价格没有将其未来的增长潜力反映在内，如果过去的分析员将股票未来的增长潜力考虑在内，股票的回报较债券会更加合理，而不会显得较高。我只是希望我们现在能够改正过去我们错误的认识。”

经过更多的交流，埃德加，这个当时看起来像异教徒一样的人，确信他的努力取得了一些成效。同时，他的时间也用完了。

与克里斯弗道别时，埃德加说：“谢谢您邀请我来谈谈我的书！请告诉我，现在您是如何看待我的观点的？”

“说实话，史密斯先生，我的感觉和今天我们刚刚见面时是一样的。”

“真的吗？那是怎样的感觉？”

“我确信您全身都湿透了。”

## 新时代

到 1929 年，史密斯的《将普通股作为长期投资》一书已成为畅销书。

预期的未来增长是股票价值的基础已经成为基本的理念。与正常利润相关的合理价格不再是谨慎投资者的要求，未来的增长成为一种投资而不是投机了。

为说明这种投资标准的变化，可以参阅《华尔街日报》（*Wall Street Journal*）的投资咨询栏目。请看 1924 年 2 月 26 日的内容：

> 问：可以推荐一些股票吗？我想购买价格能够增长同时又能够继续支付红利的股票？
>
> 答：我们不能给你提供哪些股票可以增值的建议，因为这与我们的理念即只提供投机建议不符。下面是一些盈利突出并支付红利的铁路股：New York Central，Atchison，Southern Pacific，Chesapeake and Ohio，Union Pacific，Illinois Central，Baltimore & Ohio和 Atlantic Coast Line。

再请看1929年1月7日报纸头版关于汽车工业的文章：

> 业内所有的领先企业几乎毫无例外地预测今年的汽车产量将创新纪录，汽车业将继续繁荣。我们看看今天的市场价值，真是令人难以置信。我大胆预测，在汽车业不断进取的精神鼓舞下，繁荣将不会结束。

再来看看1929年2月21日《华尔街日报》的投资咨询栏目对关于Northwest Engineering公司前景的分析：

> 依据公司的盈利预测与前景，很难说股票价格被高估了，如果对未来的预测变成现实，那么红利率很可能会上调。

随着1929年股价普遍上涨，市盈率之间的差距开始变得戏剧性地宽起来。《华尔街日报》1929年3月2日：

> 显然，价值现在比以前获得更多的关注。这可以解释很多股票比其他股票增长得快。这表明取得持续进步的行业将获得更多的支持，这种趋势将持续下去。

预期的未来增长成为一个时髦的概念，建立在过去业绩上的投资已成为过去。下面我们看一下查尔斯·施瓦布（Charles Schwab）于1929年3月8日发表在《华尔街日报》上的观点：

> 施瓦布先生说，他对当前的形势没有什么担心。“去年，我的观点是建立在那些陈旧的理念上。可是除了坚持旧理念的人，大家都有所斩获。”
>
> 施瓦布先生提到了许多“旧脑筋”的观点。有人评论道：“我之所以在市场上没有收获是因为我的华尔街教育早了20年。年轻人根本不在意旧的业绩，他们不会记得我们那个时代所经历的无数危机与压力。他们面向未来，他们有丰富的想象力，而我们的想象力被过去的痛苦给扭曲了。我们犯了错误，应该像施瓦布先生那样勇于认错。”

关注未来的新一代投资者可以通过1929年6月15日《华尔街日报》闲话类栏目的内容来感受。

公司现在的盈利并不重要，重要的是未来的平均利润。

伴随着整个国家对未来信心的增加，投资标准也发生了巨大的变化。赫伯特·胡佛（Herbert Hoover）提到“新时代”一说，新时代里因为有企业的相互合作、政府提供的帮助以及科学原理的指导，国家的繁荣将继续、生活的方方面面将更加自由。

这种新的现代的投资哲学被称为“新时代理论”。

在《大牛市》（*The Great Bull Market*）① 一书里，罗伯特·索贝尔（Robert Sobel）描述到：

过去人们认为因为未来是不确定的，因此股价仅能反映现状。现在，国家正在经历持续性的繁荣，衰退不再。如果你知道一家公司的利润以每年20%的速度增长，那么以复利计在5年内至少增加两倍。将这些预期的盈利考虑在内难道不明智吗？过去股价约是每股盈利的10倍，1928年市盈率为15的股票在1933年将低至8，与10年前相比，投资者购买股票时更加保守。

在经济风暴即将来临之前，1929年8月7日的《华尔街日报》报道：

现在我们进入了爵士乐时代，还没有被事实验证的原则被忽视，它们让位于新的经验和更成功的格言。可以说有确定的老套条件的推论法以及严格按期执行的股票投资原则被废弃，取而代之的是依据不断积累的事实经验的归纳法和依此所建立起的投资原则。这种变化使得那些在无限期间里具有扩张可能性的公司股票大受欢迎。

但是作为20世纪20年代末的现代投资者很快就认识到，萧条并不是不可能的。新时代理论在1929年10月的股市崩盘中倒塌了，而这仅仅是20世纪30年代大萧条的开始。

之后，在经济金融崩溃之中，将要在未来10年中产生重要影响力的两个人，格雷厄姆（Graham）和多德（Dodd）出版了《证券分析》

① R. Sobel，*The Great Bull Market*（W. W. Norton and Company，1968），p. 119.

（*Security Analysis*）一书的第一版。在这本书里，他们抨击了新时代理论的信条。格雷厄姆和多德认为未来的盈利即使是不完全的，在很大程度上也难以预测。他们特别反对依据过去的趋势运用外推法来估算未来盈利。他们指出：

> 以令人满意的趋势为基础估算的未来价值一定是完全随机的，因此具有投机性，会不可避免地被夸大，而后崩溃。①

他们的书逐渐成为投资业的圣经。虽然这本书经过了几个版本，但是格雷厄姆和多德对自己的观点十分坚定。在 1951 年的版本中，他们写道：

> 分析师的哲学必须迫使他在进行投资估价时，对未来盈利能力的依赖程度不大于公司在正常经营的那些年里所取得的业绩。投资价值应仅与已证实的业绩有关。②

格雷厄姆和多德在 20 世纪 50 年代里的大部分时间具有重要的影响力。但是随着 50 年代后期大牛市的开始与不断发展，一种新的“理念”出现了，而格雷厄姆和多德的投资思想又被称为异端。

然而，新的哲学再次认为，股票价格应建立在未来增长的前景上。

只有将耳朵贴在铁轨上认真聆听的人才能分辨出来，所谓的新理念只不过是 30 年前隆隆驶过纽约车站的第一次增长列车发出声音的回响。

到 1960 年，增长股投资的理念又回来了。

就像 20 世纪 20 年代中投资理念刚刚出现时一样，没有公开发表的证据预示着它的到来。(a)“老顽固”们（他们中有许多人是在 20 年代追求新理论的孩子）错误地认为未来增长的预测是不可靠的；(b) 世界的本质发生了变化，现在两个公司的相对增长率可以在未来很长时期内被设定。

没有公开发表过任何证据能够证明 (a) 或 (b) 是正确的。

无论如何，的确有一些“老顽固”有似曾相识的感觉。

---

① B. Graham and D. Dodd, *Security Analysis* (New York: McGraw-Hill, 1934), p. 314.

② B. Graham, D. Dodd, and C. Tatham, *Security Analysis* (New York: McGraw-Hill, 1951).

正如埃德加·劳伦斯·史密斯的书出现在1925年的经济增长前夕一样，1954年，一位叫温思罗普·沃克（Winthrop Walker）的商人出版了一本书，名为《对普通股作为长期投资的重新检验》（*A Re-examination of Common Stocks as Long-Term Investments*）。① 在这本书里，他扩展了埃德加的研究，检验范围为1923—1951年。他总结道：

> 谨慎的投资者可以有理由地得出结论……那就是他以充满信心的期望继续持有普通股是多么正确。因为他将高兴地发现这样的投资不仅能为他带来比债券还高的回报，而且还能够更好地保护他的本金不受损失。

这些结论在10年后得到来自芝加哥大学的两位教授研究结果的支持。通过对纽约证券交易所1926—1959年②普通股业绩的研究，他们发现，平均来看，这些股票的年回报率约为9%，这对于同时期债券相对较低的回报率而言绝对是较高的数字。

尽管第一次增长列车是被史密斯的一本书所引动的，这本书（a）证明了普通股过去相对好的业绩；（b）建议现在的股价应以未来的预期为基础。但是，第二次增长列车却是被几个出版物所支持的，其中（a）和（b）的观点是分别提出的。

麻省理工学院的教授迈伦·戈登（Myron Gordon）提出了（b）观点。

在1962年出版的著作中，戈登指出：

> 在我们的股票价格模型里，投资者购买的是未来红利的预期。无论如何，投资者还不至于天真到认为假设的未来红利与现在的红利相等。他感兴趣的是现在的红利以及红利的增长率。③

戈登继续从设计复杂的数学模型出发来寻找普通股价值的决定因

---

① W. B. Walker, *A Re-examination of Common Stocks as Long-Term Investments* (Portland, OR: Grand National Bank of Portland, 1954).

② L. Fisher and J. Lorie, "Rates of Return on Investments in Common Stock," *Journal of Business* (January 1964).

③ M. J. Gordon, *The Investment, Financing and Valuation of the Corporation* (Homewood, IL: Richard D. Irwin, 1962), p. 5.

素。这些模型的核心部分即是未来盈利的增长率和每股红利。

没有一本出版物试图批判“老顽固”们的观点，即未来的增长具有投机性，是不能用来进行可靠地预测的。相反地，似乎两列增长列车都经历了牛市的顶端。

在牛市中，不能用过去的标准来说明现在的价格是合理的。

普遍的价格上涨的合理性只能用其未来的盈利水平进行判断。

如果你依此来判断普遍的价格水平，那为什么不用同样的方法来说明价格的相对结构呢。比如，因为增长股有较好的前景，所以价格要求更多的升水。

作为1968年第二次增长列车上的快乐乘客，罗伯特·索贝尔总结道：

> 与1920年及之前相比，1928—1929年的市盈率是不合理的。但如果与现在相比，它们似乎又是合理的，甚至还有点低。
>
> 为了证明这一观点，我们以美国广播公司（Radio Corporation of America，RCA）为例，它被认为是美国20世纪20年代最受欢迎的股票。与之比较的是第二次世界大战后在市场上具有相同欢迎度的Syntex公司的股票。①

**RCA公司与Syntex公司在所选年份的普通股比较②** 单位：美元

| 年份 | RCA最高 | 每股盈利 | 年份 | Syntex最高 | 每股盈利 |
|---|---|---|---|---|---|
| 1925 | 77.875 | 1.32 | 1962 | 11 | 0.14 |
| 1926 | 61.625 | 2.85 | 1963 | 67.5 | 0.47 |
| 1927 | 101 | 6.15 | 1964 | 95.25 | 0.91 |
| 1928 | 420 | 15.98 | 1965 | 109 | 1.18 |

两次列车在本质上是相似的，离开车站的速度也是相似的。大萧条使第一次列车出轨，而第二次列车仍在轨道上运行。

我们有两种观点：增长能够可靠地预测；增长不能可靠地预测。

世界的本质不可能在一夜之间发生改变，因此，一种观点接近错误，另一种观点接近正确。

---

① Sobel，*The Great Bull Market*，p. 122.

② Ibid.，p. 121.

当我们回溯 20 世纪的轨迹时，发现观点戏剧性地循环着。

异端变成真理。

真理变成异端。

异端又重新变成真理。

究竟哪个正确?

还是让事实来说明吧。

# 第五章　过去和未来

## 杂乱无章的增长

具有讽刺意味的是，在第二次增长列车刚刚驶出车站时，一位名叫利特尔的英国经济学家却沉浸于支持“老顽固”们的保守观念的研究中。

I. M. D. 利特尔（I. M. D. Little）。

（我将把他父母为何给他起这样名字的问题留给读者。）

利特尔试图弄清楚在过去迅速成长的公司是否会在未来具有同样的业绩。在他的文章中，他反复地为自己提出如此愚蠢的问题而道歉。毕竟，在过去表现良好的公司至少会在未来向着较好的方向发展，这难道不是很明显吗？

利特尔对第二次增长列车的出现非常敏感，在1962年他的一篇文章，即《杂乱无章的增长》（Higgledy Piggledy Growth）[①] 中，他提到：

> 我的印象是许多股票持有者、金融记者、经济学家以及投资者都相信过去增长的行为是未来增长的某种指南。这种理念在过去的许多年里十分流行。[②]

在1966年他与A. C. 雷纳（A. C. Rayner）合著的《又见杂乱无章的增长》（*Higgledy Piggledy Growth Again*）一书中，指出[③]：

> 在开始调查研究之前，最好先给出对增长稳定性感兴趣的几点原因。首先就是市场所关注的已经存在很多年的增长股的概念。作

---

① I. M. D. Little，“Higgledy Piggledy Growth，” *Institute of Statistics Oxford*（November 1962）.

② Ibid.，p. 391.

③ A. C. Rayner and I. M. D. Little，*Higgledy Piggledy Growth Again*（Oxford：Basil Blackwell，1966）.

为持有这些特别股票的权利，投资者相信这些股票在未来的市场价格会上升，为此他们宁愿放弃可观的收入。这种情况只能发生在理性的市场上，在那里过去的增长在未来会重复。因此，秉持这种理念，投资者同样相信那些在过去比其他公司业绩好的公司在未来也会继续保持。①

因为这本书的研究非常全面，所以我们将集中研究它。

雷纳和利特尔研究了 1951—1961 年的英国公司。② 他们想确定一下是否过去的增长是未来的指南。

在其中的一个检验中，利特尔依据 1952—1956 年每股盈利的增长率将公司进行分类。他们将公司分为数量相等的 4 个组，包括最快增长、较快、较慢和最慢增长的公司。

各组内的公司同等重要，各组的盈利都经过了指数化处理，1952 年为基期 100。在图 5—1 中可以看到每组的增长状况。增长最快的从 1952 年的 100 上升到 1956 年的 190，而增长最慢的则降至 45。

有趣的问题是："增长最快的一组在 1956 年后是否还会保持最快，而增长最慢的一组是否持续最慢呢?"

答案是否定的。

从 1956 年起，四个组的增长业绩几乎是相同的。

利特尔发现在这次检验中，至少从每股盈利的增长率角度而言，没有证据支持未来与过去有关。

好的，也许出现这种结果是由于公司的种类过于分散，在相对表现上没有或很少有一致性。如果是同行业的公司又会怎样呢?

为找到行业内部的一致性，利特尔依据考察期前半部分的每股盈利增长对同一行业的公司进行排序，然后对后半部分进行排序。考察期前半部分的排序用纵轴表示，后半部分的排序用横轴表示。样本中的每个公司在图上用点表示，在前半部分和后半部分的排序都是第一的公司位于图的右上角，在前半部分和后半部分排在最后的公司位于图的左下角。

---

① A. C. Rayner and I. M. D. Little, *Higgledy Piggledy Growth Again* (Oxford: Basil Blackwell, 1966), p. 1.

② 他们研究了 441 家公司，这些公司至少有 1959 年的完整记录。

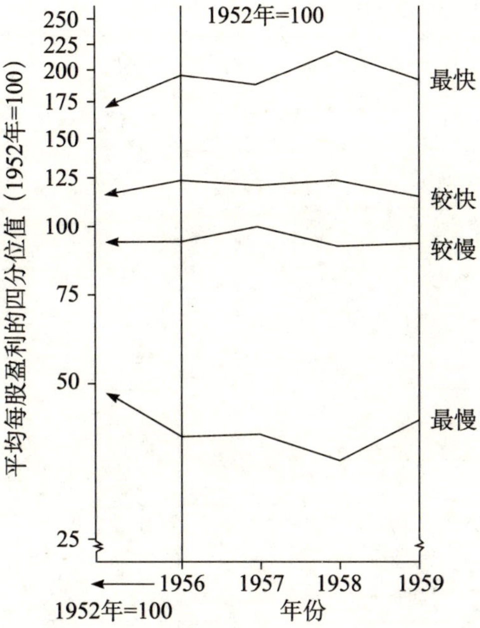


**图 5—1　最快、较快、较慢和最慢增长公司的盈利行为（1952—1956 年）**

资料来源：A. C. Rayner and I. M. D. Little，*Higgledy Piggledy Growth Again*（Oxford：Basil Blackwell，1966）p. 22.

如果这十年前后部分的排序完全一致，所有的点都将落在从左下角到右上角的对角线上。

结果如图 5—2 所示。

哇!

杂乱无章!

利特尔他们不断检验的目的是为了发现一致性的证据。但是他们没有发现这种证据。最后，他们的结论是：

> 投资者错误地认为，几年高于平均水平的盈利增长是公司现在管理成功的证据，这种成功将带来公司未来的持续增长。①

未来增长是投机的考虑而不是投资。

① Rayner and Little，*Higgledy Piggledy Growth Again*，p. 64.

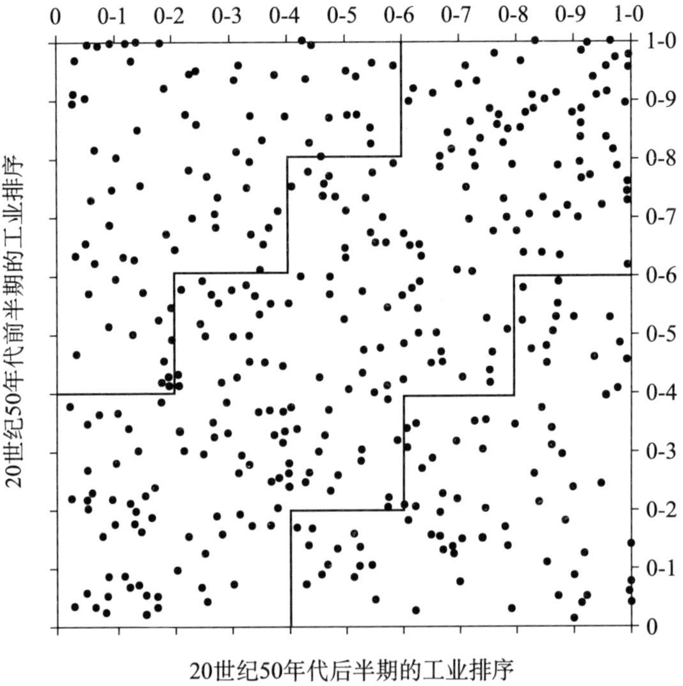


**图 5—2　工业领域内公司增长的一致性**

资料来源：A. C. Rayner and I. M. D. Little，*Higgledy Piggledy Growth Again*（Oxford：Basil Blackwell，1966），p. 50.

## 美国杂乱无章的增长

利特尔和雷纳的研究结论至少在学术界引起了很多关注。是否英国算是特例？还是美国也存在同样的状况？

哈佛的两位教授，约翰·林特纳和罗伯特·格劳伯（John Lintner and Robert Glauber，LG）试图解决这个问题。[①]（林特纳，你应该记得，他是 CAPM 的创造者之一。）

① J. Lintner and R. Glauber，"Higgledy Piggledy Growth in America"（paper presented to the Seminar on the Analysis of Security Prices，University of Chicago，May 1967）.

LG考察了1946—1965年内每个五年的子期间。[①]

他们感兴趣的是用前面期间增长率的差异来解释当期增长率的差异。在某一期间增长率之差在多大程度上与之前增长率的差异有关呢?

在利特尔的图5—2中，这个问题的答案几乎为零，因为两个期间的排序是相互独立的。如果两期间的排序具有一致性，即所有的点都落在从左下角到右上角的直线上，那么答案应该是百分之百。第二期间增长率之差与之前期间增长率之差之间应该具有相关性。

LG对美国公司的研究与他们很相似。[②] 只不过在LG的图上纵轴代表的是增长率而不是增长的排序。

他们的研究结果见图5—3。

结论与英国的情况非常一致。从最大相关系数看，我们可以说，在一个五年期（1961—1965年）增长率之差只有1.7%与前一期增长率之差有关。因此，如果你想预测下一个五年哪只股票增长得最快，你最好忘记用前五年的业绩作为指南，过去不是未来的良好指南。

需要说明的是，虽然依据过去的趋势不是预测每股盈利最专业的方法，但至少也可以作为研究的起点。

## 为它抛硬币

因此对公司增长进行排序本身就不是非常一致的。那么，如果对公司的相对业绩进行更为粗糙的分析，比如用每年业绩相对于平均水平是好还是坏来度量，是否至少是一致的呢?

另一位英国教授理查德·布里厄利（Richard Brealey）试图找出答案。[③]

---

① 鉴于RL是通过期末与期初每股盈利的比率来衡量增长的，LG绘制出了一条收入相对于时间的自然对数的趋势线。他们用这条趋势线的斜率来衡量增长。趋势线的斜率可以看作是连续复合增长率，期初的收入可以由趋势线起点的斜率水平给出，期末的收入可以用终点的斜率水平给出。

② 他们的研究包含了323家公司，这些公司在研究期内的收入都大于零。

③ R. A. Brealey, *An Introduction to Risk and Return from Common Stocks* (Cambridge, MA: MIT Press, 1969).

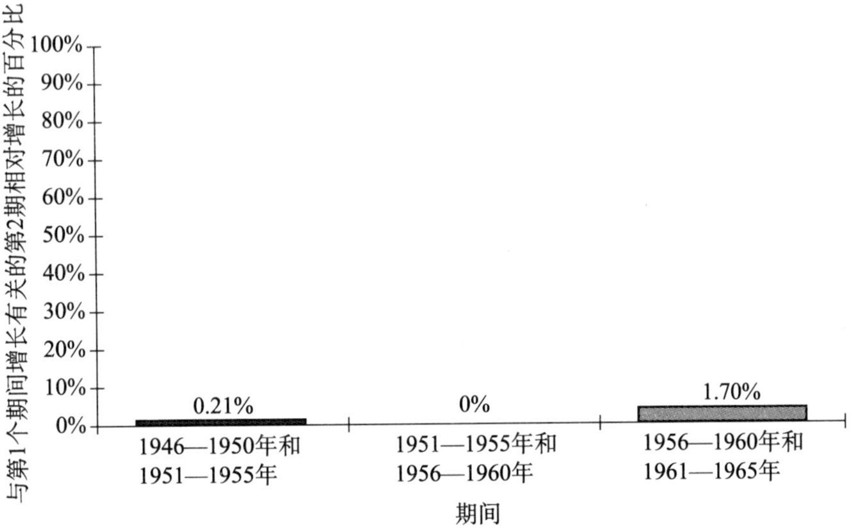


**图 5—3　一个 5 年期与下一个期间收益增长相关的收益增长差异的百分比**

资料来源：J. Lintner and R. Glauber，“Higgledy Piggledy Growth in America,”（paper presented to the Seminar on the Analysis of Security Prices，University of Chicago，May 1967），Table 3，part（e）.

他首先对美国的公司按照每股盈利的增长率进行排序。

然后他再关注是否有特别的公司每年都排序靠前或靠后。

设想给出一个特定公司几年的排序，我们来观察一下结果，“＋”表示靠前，“－”表示靠后。

＋ ＋ － ＋ － － ＋ － ＋ ＋ ＋ ＋ － ＋ － － －

布里厄利将他观察到的不同长度的符号变化表示成表格形式。例如，在转化成相反符号之前公司排序靠前和靠后的时间是几年？

长度为 1 的“＋”或“－”各有三个。

有多少个长度为 2 呢？

“＋”或“－”各有一个。

长度为 3 或 4 呢？

长度为 3 的连续“－”有一个，长度为 4 的连续“＋”有一个。

布里厄利对样本中的所有公司都进行这样的表格转换。但是如果排序靠前或靠后只是靠运气呢？

我们继续分析。

抛一枚硬币。如果你的运气好，得到连续 5 个正面可能不需要用太多的时间。如果你抛的是一枚均匀的硬币，那这一结果仅仅是运气。

不过，计算一下洛杉矶湖人队（Los Angeles Lakers）和波士顿凯尔特人队（Boston Celtics）的胜负记录，你绝对不会认为在篮球赛中胜利只是运气。

但是，运气在每股盈利的增长“胜利”中具有什么地位呢？

布里厄利的研究结果见图 5—4A 和图 5—4B。连续的序列长度位于横轴上，序列的总长度表示在纵轴上。

图中的虚线表示盈利高于或低于平均水平仅仅靠的是运气。

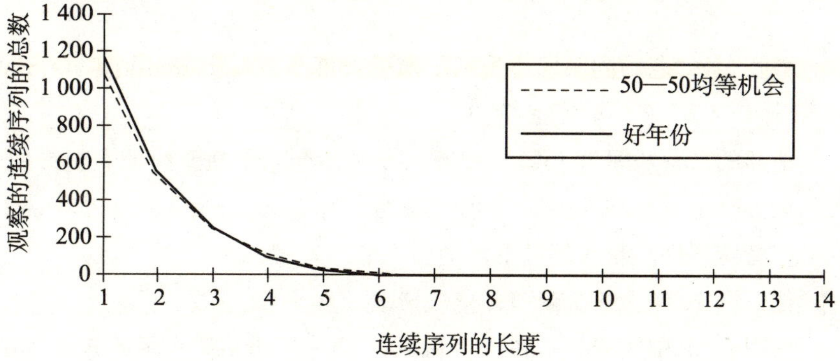


**图 5—4A　连续好年份的实际数与 50—50 均等机会的比较**

像抛硬币一样简单。

正面表示排序靠前，反面是排序靠后。

实线表示他所观察的实际数目。

很难说清楚两者之间的差别。

注意，持续时间短的序列要多一些，而持续时间长的序列要少一些。

这与每股盈利的短期惯性和长期反转模式是一致的。

你记得吗？

在第二章中我们发现了股票收益率的这些模式。

本章中我们似乎得到某种程度的支持与强化。

因此，无论如何，“老顽固”们似乎占据了优势。

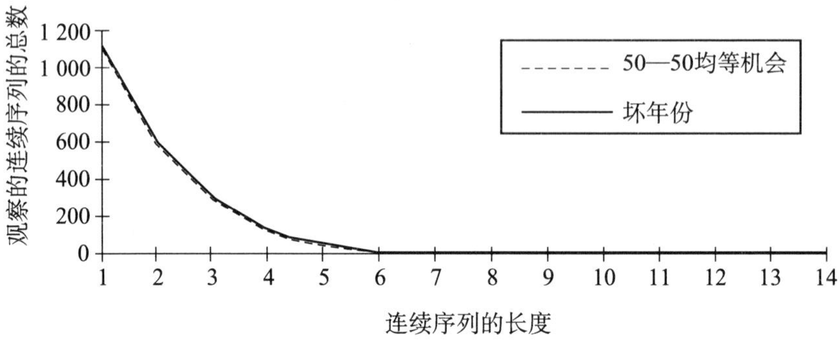


**图 5—4B　连续坏年份的实际数与 50—50 均等机会的比较**

资料来源：R. Brealey，*An Introduction to Risk and Return form Common Stocks*，2nd ed.（Cambridge，MA：MIT Press，1983）.

事实上，"老顽固"们还得到了最近来自 Chan，Karceski，and Lakonishok（CKL）的研究支持。①

他们的观察期间为 1951—1998 年，样本包括了在纽约证券交易所、美国证券交易所和纳斯达克市场交易的所有美国公司。CKL 也考察了在一些特殊事件前收入超过平均增长水平的公司。

他们以 10 年为一个窗口并依次滑动。

在图 5—5 中实线表示在 1 年和 10 年之间超出平均水平的连续年份的样本公司百分比。虚线表示的是你所期待的类型数量，即每年超出平均水平的概率是 50%的公司。

我们再一次看到在已成功记录和纯机会上惊人的一致性。

## 圣诞树

好的，因此我们不能依靠过去来预测未来。过去增长得最快的股票并不意味着未来也有相同的业绩。如果你想预测未来盈利的增长率，最好不要仅依靠过去的趋势来推测。

① K. C. Chan，J. Karceski，and J. Lakonishok，"The Level and Persistence of Growth Rates，" *Journal of Finance*（April 2003）.

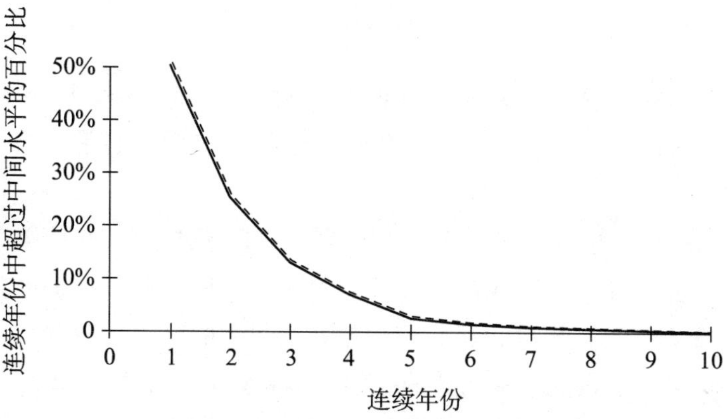


**图 5—5　纯机会和已成功记录的一致性**

无论如何，对未来进行预测的人们除了需要依据公司过去的增长之外，还可以依据大量的丰富信息。

相关的信息大概包括有价值的专利权、市场领导地位、知名的品牌、战略地位以及灵活的管理。这些甚至更多的信息所反映的能力能够帮助公司开拓出有益于每股盈利未来快速增长的空间。

假如可以获得所有信息，那么对相对盈利增长率预测的准确程度是怎样呢？

不幸的是，市场预测不是公开发表的，所以我们无法验证其准确程度。但是，有些指标常常被作为市场正在如何运行的信号。

正如我们在第一章所提到的，股票的市场价格反映的是市场对其前景的评价。很可能的情况是，如果市场价格相对于账面价值较高，前景就是光明的。相反地，如果市场价格相对于账面价值较低，前景将是暗淡的。

市场价格与其他会计数据例如每股盈利等之间的关系也是这样。如果价格相对于当期盈利过高，大概是因为市场猜测未来的盈利将大大高于现在的盈利。

具有较低的盈利率的股票被认为是增长股，而具有较高的盈利率的股票则是价值股。

然而，增长股的增长确实高于平均水平，而价值股确实低于平均水平吗?

在未来?它们已经被市场验证了吗?

三位专业的投资人富勒、休伯斯和莱文斯(Fuller, Huberts and Levinson, FHL)发表了一项有趣的研究报告,对这个问题进行了有意的探讨。[①]

从 1973 年到 1990 年的每年 3 月底,FHL 依据前一年的盈利率对所研究的公司进行排序(在 3 月底公司前一年的盈利情况一般都能公布)。[②] 盈利率最高的 20%排在第一组,接下来的 20%排在第二组,以此类推,第五组是盈利率最低的一组(高价格增长股)。[③] 每组都包含公司总数的 20%。然后,他们观察在以后的 8 年中各组每股收益的相对增长率。[④]

低价格的价值股确实比高价格的增长股增长得慢吗?

如果本杰明·格雷厄姆(Benjamin Graham)现在还活着的话,他一定十分惊奇于这个问题的答案是"是"。

检验的结果如图 5—6 所示。横轴代表相对增长,表示市盈率高于或低于平均水平的公司增长之差与中间水平的 20%的公司的比较。纵轴代表排序之后未来的年份。

如图所示,具有最高盈利率的公司(低价格的价值股)在排序后的第 1 年里增长比中间组要慢将近 10%(0.3%和 10.2%)。而盈利率最低的公司(增长股)则高将近 9%(18.8%和 10.2%)。中间组则恰好落在你所期望的区域。

有些人[⑤]把这种图形称为圣诞树。

---

① R. J. Fuller, L. C. Huberts, and M. J. Levinson, "Returns to E/P Strategies, Higgledy Piggledy Growth, Analysts' Forecast Errors, and Omitted Risk Factors," *The Journal of Portfolio Management* (Winter 1993).

② 他们研究的公司必须符合下述条件:其总的市场价值(每股价格乘以流通在外的普通股的总数)要大于等于标准普尔 500 指数总价值的 0.01%。他们的研究所包含的股票数量从 1973 年的 887 只股票增长到 1990 年的 1 179 只股票。

③ 这些小组是行业多样化的,每一个小组都包含了某一特定行业中 20%的公司。

④ 这一过程在他们的数据所涉及的年份中不断重复(1974—1992 年)。结果是所有年份的平均值。

⑤ 在加州理工大学的金融研讨会上,博士生学习了本书第一版的第一次草稿。向那些学生提问:"现在你怎样理解稻草人?"

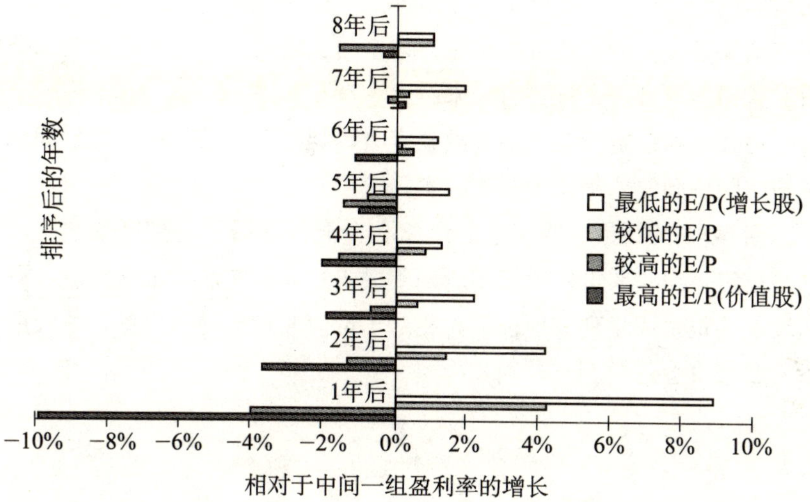


**图 5—6　盈利率最高、较高、较低、最低各组后来的相对增长**

资料来源：R. Fuller, L. Huberts, and M. Levinson, "Returns to E/P Strategies, Higgledy Piggledy Growth, Analysts' Forecast Errors, and Omitted Risk Factors," *Journal of Portfolio Management* (Winter 1993), Exhibit G.

这种模式在排序后的第 2 年、第 3 年、第 4 年依然存在。无论采用任何来源的信息，市场能够在将来至少 4 年内清楚地区分增长最快与最慢的股票。

如何将这些结果与利特尔、雷纳和利特尔以及林特纳、格劳伯和布里厄利的研究统一起来呢？

前面的大多数工作都是观察单个公司的增长情况，而不是我们这里观察的一组股票。另外，前面的工作是针对过去增长与未来增长之间的关系，而不是现在的市场价格结构与未来增长的关系。市场在确定价格时，除了考虑过去的增长之外还需要考虑许多其他因素。

图 5—6 所描述的结果还是非常有意义的，因为投资者一般不会仅投资于单个公司的股票，而是投资于（或许是通过共同基金）许多公司的股票组合，就像 FHL 观察到的那样。

在看到他们的检验结果后，FHL 总结了（a）早期的关于"杂乱无章的增长"的检验是错误的；（b）有关价值导向的股票的最好业绩不能认为是由于市场对公司过去增长的过度反应所造成。无论如何，正如前面所描述的，过去的研究者注意研究过去与未来之间的关系。FHL 的研究结果是现在的股票价格水平与未来增长的关系，它并不说明以前的研究者错误地解释了过去与未来。

另外，在设定股票价格和盈利率时，相对于市场所预测的，问题是关于回归中间组的平均增长率的实际速度。

图 5—6 的结果说明将来的增长会在五六年后回复到平均水平。这是在设定每组股票价格时市场所期望的吗？如果你购买了增长股，它们的增长率很快回复到平均水平，相对于价值股投资的回报率，增长股的投资回报将会怎样？①

* * *

“法官阁下。”

“是的。豪根博士。”

“如果法庭同意，我希望能够在以后的程序中保持展示的权利。”

“我们不能再浪费时间了，豪根博士。你确信对于你研究的回顾可以获得更有力的证明吗？”

“我十分确信，法官阁下。”

---

① 作为之前讨论的他们研究的一部分，在一个变化的十年期内，CKL 以每股股票在特殊项目前收入的增长率为基础对股票进行了分类。他们根据这一增长率形成了股票的十分位数。然后他们通过对股票在每一个十年期（1951—1998 年）期初的账面价值与市场价值比（B/M）的观察，以发现如果市场给一只股票设定了一个较低的比率，这只股票是否会在随后的十年增长的最快。他们的研究结果如下表所示：

| 十等分 | 1 | 2 | 3 | 4 | 5 | 6 | 7 | 8 | 9 | 10 |
|---|---|---|---|---|---|---|---|---|---|---|
| 增长率(%) | −18.9 | −5.0 | 1.5 | 5.8 | 9.1 | 12.0 | 15.1 | 18.9 | 25.1 | 41.7 |
| 期初 B/M | 0.653 | 0.699 | 0.696 | 0.99 | 0.726 | 0.707 | 0.723 | 0.706 | 0.742 | 0.817 |

基于指派给股票的账面价值与市场价值比，发现对于那些在下一个十年期期初实际增长较慢的股票而言，市场实际上保持了一个比较乐观的态度。

# 第六章　价值股与增长股的竞赛

## 寻找平凡

也许你听说过一本畅销书《寻找优秀：美国最佳公司的经验》（*In Search of Excellence: Lessons from America's Best-Run Corporations*）。[①] 这本书的作者列出了 1961—1980 年间一系列被认为具有创新精神的公司，然后依据下面所列的 6 个长期财务指标进行筛选。

1. 公司资产的增长率。
2. 账面价值的增长率。
3. 平均市场价值与账面价值比。
4. 平均资产收益率。[②]
5. 平均账面价值收益率。
6. 平均销售利润率。

研究那些通过筛选的公司，作者发现它们具有共同的特点并从中获得启发。

1987 年，现金管理人米歇尔·克莱曼（Michelle Clayman）发表了一篇文章，她跟踪研究了 1981—1985 年间那些公司股票的业绩。[③]

这些公司在 1980 年以前具有良好的业绩记录，到 1980 年，它们成为增长股，如果市场有过度反应或过高地估计了它们的价格，那么在 1980 年后，随着市场的调整，它们的业绩应该变得较差，价格也会回归到合理的水平。

克莱曼比较了优秀公司与被她称作不优秀公司的业绩。不优秀公司

---

① T. J. Peters and R. H. Waterman, *In Search of Excellence: Lessons from America's Best-Run Corporations* (New York: Harper & Row, 1982).

② 总资产收益率等于净收入除以长期负债、优先股，以及普通股账面价值的总额。

③ M. Clayman, "In Search of Excellence: The Investors Viewpoint," *Financial Analysts Journal* (May-June 1987).

是标准普尔 500 中在 1980 年底上述六个指标综合起来最差的 39 个公司，见图 6—1。你会发现，不优秀公司的确很差：低的增长率、低的市场价值与账面价值比、股东可获得的收入正在遭受损失。

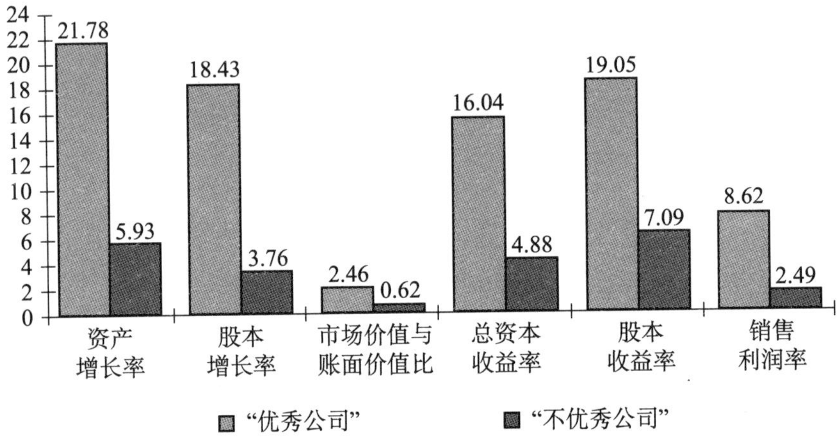


**图 6—1　优秀公司和不优秀公司的特征（1976—1980 年）**

资料来源：M. Clayman，"In Search of Excellence：The Investor's Viewpoint，" *Financial Analysts Journal*（1987），Figure B，p. 58.

但是克莱曼发现，那些优秀公司的良好指标在 1980 年筛选后，在几年间很快地回到平均水平。资产增长率和账面价值几乎下降为原来的一半。其他四个指标也同样大打折扣。

就像利特尔先生和其他研究者所发现的，在竞争的世界里很难长时间保持领先地位。

那些不优秀的公司也在向中间水平靠拢，它们在六个指标上都有显著的改善。①

市场又一次没能预测出均值回归的速度。这两组公司的相对业绩比较见图 6—2。

① 在《股票市场的无效性——付出了什么及原因》（*The Inefficient Stock Market—What Pays Off and Why*，Upper Saddle River，NJ：Prentice Hall，1998）一书的第十章，我说明了盈利能力的收入回报是正的。这好像与克莱曼的结果相矛盾。但是，我想说明的是，保持你对一只股票所支付价格的稳定性，公司的盈利越高，未来收入的前景就会越好。克莱曼所指的不优秀公司是指既不具有盈利性，又比较廉价（具有较高的账面价值与市场价值比）的公司。

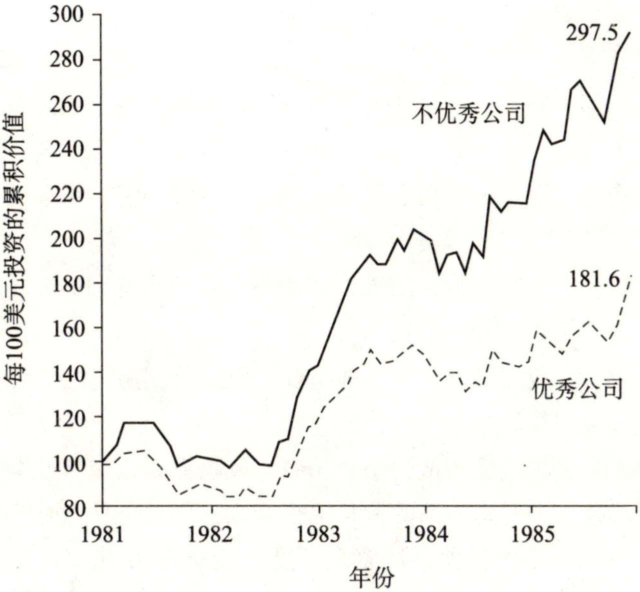


**图 6—2　优秀公司和不优秀公司的累积收益率（1981—1985 年）**

资料来源：M. Clayman，“In Search of Excellence：The Investor's Viewpoint，” *Financial Analysts Journal*（1987），p. 63.

价值股胜出。

《寻找优秀：美国最佳公司的经验》这本书对于具有创新精神的公司的未来管理者可能很有价值，但优秀的投资者应该更看好那些与过去在书中被吹捧的公司表现完全相反的公司。

## 从黄金机会中去掉规模效应

增长股大多是大公司，价值股则更多是小公司。在以市场价值为权重的标准普尔 500 指数中，增长股比价值股具有更大的比重。

标准普尔 500 指数主要投资于高价格的增长股。

这很有趣。

许多养老基金和其他机构投资者喜欢将大量资金投资在依据标准普尔指数构建的投资组合，他们称之为指数化策略。

而依据我们的分析，指数化策略并不是一种非常好的策略。

这些结果表明，黄金机会在长期来看是有价值的策略，但在短期它的可信度有多少呢？

毕竟，如果它在一段时间内表现不佳，我们中的一些人就会感到恐慌而放弃了。

幸运的是，对于没有耐心的人而言，最少 5 年或 10 年里，它是可信赖的。①

即使你是一个容易慌张的人，如果你持有 5 年或 10 年，你将会强烈感受到黄金机会带给你的快乐。

尽管小公司股票具有价格低的特性，但在长期内它们更可能会到达超出平均收益率很高的水平。

这也许是因为投资者认为小公司股票风险更高或交易成本更高。有关小公司的特点和行动方面的信息也很少，它们的交易相对不活跃，所以经纪人的买卖差价很大，从而在为这些股票做市时可以获得合理的利润。

不管什么原因，在很长的一段时间内（至少从 1926 年开始），它们的收益率都比较高。

我们现在知道便宜的价值股更多是小公司。

这意味着一部分黄金机会不是市场过度反应的结果，而仅仅是投资小公司股票的结果。

有多大比例呢？

Lakonishok，Shleifer，Vishny（LSV）这三位教授试图得出结论。② LSV 也是按照账面价值与市场价值比进行排序，然后构建投资组合。股票中具有最高的账面价值与市场价值比的 10％被设为组合 1，接下来的 10％被设为组合 2，依此类推。每年都重新组建组合，在以后的五年内基于购买和持有的角度观察它们的业绩。这个程序开始于 1968—1972 年，直到最后一个五年 1985—1989 年结束。

LSV 对收益率进行了规模调整，从每只股票的月收益率中减去一

---

① 人们认为大部分养老基金的收益周期太长而不愿意等待，这就是为什么这么多人更倾向于选择指数型基金。

② J. Lakonishok，A. Shleifer，and R. Vishny，“Contrarian Investment，Extrapolation and Risk，” *Journal of Finance* (December 1994).

个规模可比组合的月收益率。在过度反应的市场中，低价格股票的表现要好于规模可比的其他股票，而价格高的股票则不及其他股票。

图 6—3 给出了此案例的情况。在图中，我们画出了所有五年期的平均的与相比较组合年收益率之差。

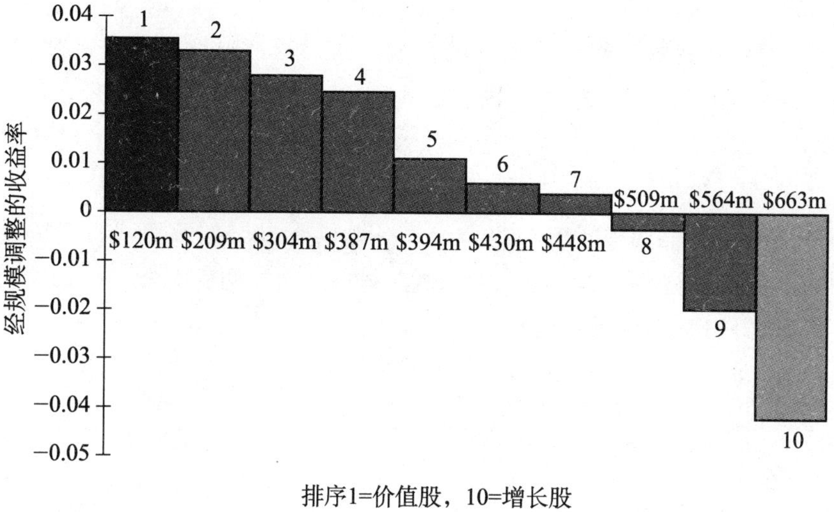


**图 6—3 价值股和增长股经规模调整的收益率**

资料来源：J. Lakonishok，A. Shleifer，and R. Vishney，“Contrarian Investment，Extrapolation and Risk，” *Journal of Finance*（1994）.

在极端的两个组中，价格最低的股票高于平均 3.5%，价格最高的股票低于平均 4%还多。

需要注意的是，从低价股到高价股的业绩再次平稳地下降。

平均规模（每股价格乘以股数）也在图中表示出来。因此，你再次发现高价股大多是大公司的股票。

## 走遍世界

人类的行为就是人类的行为，无论你住在哪里。另外，尽管美国可能在某些领域已经失去了领先地位，比如 2008—2009 年全球经济危机所证实的，但是美国依然是金融方面的带头人。如果美国欣然接受高价股的投资模式，那么世界其他地方也将亦步亦趋。

过度反应是容易记住的。

法马和弗伦奇（Fama and French，FF）最近对 14 个国家（地区）进行了研究，目的是分析全球范围内价值股相对于增长股的业绩究竟怎样。①

FF 使用的数据库不受残差的影响，在每月月末都能够获得数据。他们研究的股票代表了 13 个国家（地区）股票市场价值的 80%。研究期间为 1975 年 1 月—2004 年 12 月。FF 将这些国家（地区）的股票集中在一起，然后每年年末按最近可得的账面价值和年底的市场价值之比进行排序。他们构建了五个组合，每一组包括 20%的股票，各组按照市场价值进行加权。每年都对股票重新排序，重新构建组合。

图 6—4 表示的是每组平均年收益率。

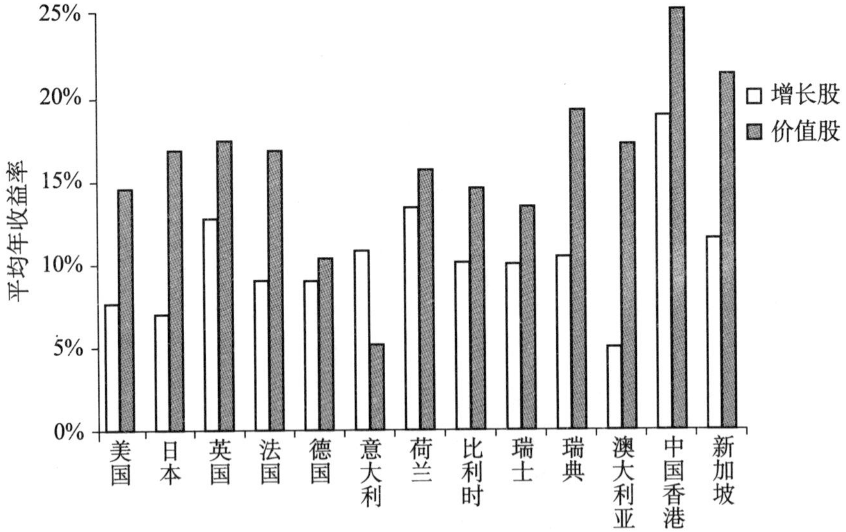


**图 6—4　不同国家（地区）股票的价值效应**

资料来源：E. Fama and K. French，"The Value Premium and the CAPM," *Journal of Finance*（2006），pp. 2163-2186.

---

① E. Fama and K. French，"The Value Premium and the CAPM," *Journal of Finance* (October 2006).

国外价值增长的平均水平是 10.85%。

现在已经很明显了，我们在美国看到的数据并不是偶然现象，而是非常重要的普遍现象，我们应该准备利用它。

## 价值股与增长股之间的长期竞赛

在第四章中我们已经提到，20 世纪 20 年代末期对增长股投资的一时兴起之后，增长股不再受追捧，直到 60 年代早期。而且，有些严谨的投资者完全把格雷厄姆和多德的书当作投资圣经。他们的核心理念是价值股的基础是当期的名义回报。在股票价值的判断中几乎不考虑相对的未来增长。这个理念在第五章中已经表述。在此期间，股票价格的确定依据其潜在的真实增长的前景。我们将看到在价值股与增长股之间竞赛的结果是不分胜负的。

在 FF 大量的研究中对国际市场的研究仅仅是其中一部分。他们最集中的部分还是在对美国股票的研究上。研究包括了 3 900 种美国公司的股票。如同他们早期的研究，像在第一章中讨论的，股票仍然是在每年 6 月底按照账面价值与市场价值比进行排序。

经过风险调整的股票组合的月平均回报被分为低价值、低增长、高价值、高增长的类型。格雷厄姆和多德时代（那时增长股不存在）的结论用图 6—5A 表示，而对增长股投资兴起时代的结果用图 6—5B 表示。

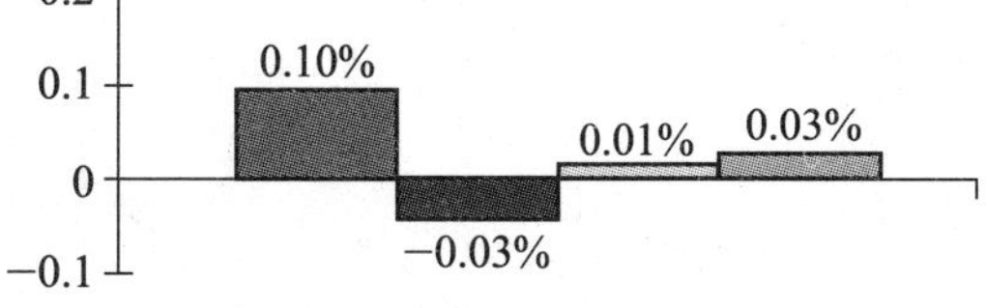


**图 6—5A　1930 年 7 月—1963 年 6 月（格雷厄姆和多德的时代）**

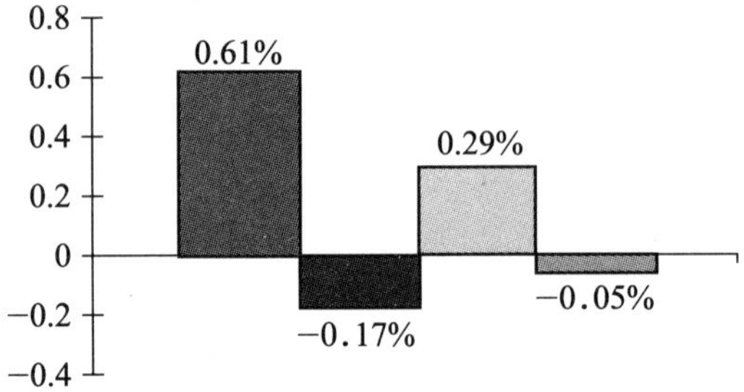


**图 6—5B　1963 年 7 月—2004 年 12 月（现代增长股投资的时代）**

资料来源：E. Fama and K. French，"The Value Premium and the CAPM，" *Journal of Finance*（2006）.

啊哈！

这就是我们希望看到的结果。在格雷厄姆和多德时代价值股与增长股的回报没有显著的数字差异，格雷厄姆和多德相信价值不能反映每股盈利的未来增长预期。但是，在增长股投资的流行时代，当股票市场价格包含着对预测增长非正常的溢价时，价值股与增长股之间存在巨大的差异。

# 第七章 是意外还是风险溢价?

## 关于黄金机会本质的辩论

即使是固执地坚持市场有效性的狂热分子们，也相信“理论”(CAPM)必须离开了。

他们看到并且已经证实了黄金机会的存在。几十年前其他人[1]也曾报告过黄金机会的存在，但是狂热分子们却嘲笑这些原始的“化石”，因为他们认为度量低价格的价值股业绩的方法存在缺陷。第一章中FF的研究被视为主流的原因是FF研究者之一的法马是CAPM(“理论”)和市场有效性的长期支持者。

“罗马教皇”说上帝死了。[2]

至少是CAPM的上帝。

“幻想”的上帝显然还活得好好的。

但是如何解释黄金机会?如何解释对价值股投资的溢价?

啊哈!下面我们谈谈风险溢价。

它不是人为制造的对过度反应的修正。它不是意外。

你看，狂热分子们相信每个人都知道并且一直知道黄金机会的存

---

① 参阅，例如，S. Basu，“The Investment Performance of Common Stocks in Relation to Their Price-Earnings Ratio,” *Journal of Finance* (June 1977); S. Basu, “The Relationship Between Earnings Yield, Market Value and Return for NYSE Common Stocks,” *Journal of Financial Economics* (June 1983); W. Breen, “Low Price-Earning Ratios and Industry Relatives,” *Financial Analysts Journal* (July-August 1968); S. Huang, “Study of the Performance of Rapid Growth Stocks,” *Financial Analysts Journal* (January-February 1965); F. K. Flugel, “The Rate of Return on High and Low P/E Ratio Stocks,” *Financial Analysts Journal* (November-December 1968)。

② 1998年4月16日，在UCLA关于“市场有效性争论：源自贸易的冲击”的会议上，法马发表了一篇关于市场有效性的论文，说他相信上帝知道股票市场是有效的。他又补充说当一个人越熟悉行为金融学时，他所感受到的在他脚下的地狱之火越热。正如我们在第十二章将要看到的，似乎新金融比行为金融学离地狱更近。啊!

在。每个人都知道如果投资于价值股将会到达钻石尖。但是，我们并没有立刻打点行装上路，因为对很多人而言，旅途并非那么具有吸引力。

让“幻想”说话吧。

“便宜的股票现在价格低而未来价格高是因为它们有风险。”[1]

不过，为什么恰恰是价值股首先被认为具有更多的风险呢？

按照“幻想”的最新版本，价值股是“堕落天使”，即价值股是曾经很成功但命运之神已经很长时间没有眷顾的公司股票。

价值股受到如此沉重的打击以至于把我们都吓怕了。

事实上，它们让我们如此害怕，即便相信投资价值股最终会带我们到达钻石尖，我们中的一些人还是不愿投资于价值股。人们如此害怕，宁愿避开钻石尖（每年退休金大约 280 000 美元）而选择钻石柱（每年退休金约 2 700 美元）。

是的，人们故意并愿意选择钻石柱，“幻想”如此说。

“堕落天使”确实太让人恐惧了！

但是，稍等一下。还记得图 1—3 吗？根据 FF 的研究，价值股具有较低的风险。那还有什么可害怕的呢？

使我们害怕的显然不是低价股的不稳定性。

大多数时间股价的变化是因为新信息的出现。

如果我们不是定期地听到新信息，那么使我们害怕的就不会是价格的不稳定。

你的床下有一只正在睡觉的怪兽。它让你害怕，但是它睡着了，你的卧室非常安静，没有什么区别，但是你仍然会害怕。

持有低价股的感受可能就像一直受到睡着的怪兽的折磨。

问题是我们面对很多不同的怪兽，因为在不同的行业里有很多不同种类的价值股。

很难说出所有这些怪兽的故事。

---

① J. Lakonishok, A. Shleifer, and R. Vishny, “Contrarian Investment, Extrapolation and Risk,” *Journal of Finance* (December 1994)，上述论文说明价值股要优于以下四个平均市场指数：指数中表现最差的 25 个月，表现最好的 25 个月，表现消极的月份以及表现积极的月份的平均市场指数（见表 7）。

另外，黄金机会被证明是一种行业内效应而不是行业间效应。[①] 我们很难发现价值溢价从一个行业转到另一个行业，价值溢价却常在同行业中从一只股票转到另一只股票。“幻想”的追随者们的确面临一个艰巨的任务。

那么，高价格的增长股又是怎样呢？“幻想”说我们知道增长股有较低的收益，我们知道增长股会带我们去钻石柱。无论如何我们都会去的，因为我们喜欢搭便车。

但是我们为什么害怕路上的颠簸呢？我们为什么不关注在图 1—3 中所见的波动性呢？谁将最后出现将我们从业绩疯狂的摇摆中拯救出来并使我们相信我们最终会到达钻石尖呢？

沉默的天使吗？

## 学习如何让黄金机会消失

FF 的研究承认，价值股投资的溢价是真实的，并非人为制造。

无论如何，他们仍然对“幻想”坚信不疑，他们认为如果对每组收益进行风险调整，那么溢价就会消失。

因此，在他们大多数的工作中，FF 对价值股组合和增长股组合都进行了风险调整。他们在处理数据时使用了智能的统计技术。他们将股票组合的月度收益率（减去短期国债收益率）对标准普尔 500 指数的收益率（减去短期国债收益率）、大小公司股票收益率之差以及增长股组合和价值股组合收益率之差进行回归。然后，他们把回归获得的直线的截距作为风险调整的系数。任何一位统计学家都可以告诉

---

① S. P. Kothari, J. Shanken, and R. G. Sloan, “Another Look at the Cross-Section of Stock Returns,” *Journal of Finance* (March 1995)。在这篇论文中，他们发现当用基本面价值加权行业指数而不是单个公司的指数进行评价分类时，黄金机会倾向于消失。作者认为行业指数受残余偏差问题的影响较小。但是，在 1980 年以后开始的研究中黄金机会的确存在，和下一章的研究中黄金机会的存在一样，是对残余偏差问题的清理，这表明在单个行业研究中黄金机会的消失是因为其他事情。许多行业被一个或两个相对较大的公司所主导。在一定程度上，黄金机会对于一个大公司来说是次要因素，当用基本面价值加权行业指数来寻找黄金机会时，它很可能会消失。此外，与相对低廉的股票价格相比，似乎行业间账面价值与市场价值比的不同与产品资本需求的不同更具相关性。

你，回归的截距事实上是特定市场环境下给定条件的组合的预期收益率。这种特定的市场环境符合（a）股票市场指数的收益率等于短期国债收益率；（b）小公司股票收益率的平均水平等于大公司股票收益率的平均水平；（c）价值股收益率的平均水平等于增长股收益率的平均水平。

FF 发现价值股与增长股回归方程的截距之间没有显著的差异，于是他们将这种未经处理的收益率之差归因于风险溢价。

这究竟是什么意思？

它意味着，也仅仅意味着：在价值股的表现没有超过增长股表现的市场环境中，价值股的收益率与增长股的收益率没有显著的差异。

我们应该如何解释呢（哪一个是真实的定义呢）？[①]

尽管 FF 的风险调整过程看起来似乎没有意义，仅能自圆其说，但是他们的很多学术上的追随者却发展了这个风险调整过程。现在很多追随者在验证有效市场的研究中为了进行适当的风险调整被迫使用这种方法。

很多人发现他们必须使用三个以上的因素进行风险调整。这取决于有多少他们想要剔除的异常现象。考虑第三章中被 Jegadeesh 和 Titman 发现的对股票收益率趋势的验证，如果减少股票收益的这种趋势差异，简单的在胜利者与失败者收益的基础上增加一个等于月度差异的因素，那么你将发现在这两种股票表现相同的市场环境中，它们的收益率没有差异。

事实上，FF 所设计的如此复杂的、多因素的风险调整过程强有力的特点给我留下非常深刻的印象，以至于建议它取代被视为神明的荒谬

---

① K. Daniel and S. Titman, "Evidence on the Characteristics of Cross-Sectional Variation in Stock Return," *Journal of Finance* (1997). 上述文章指出价格低的股票具有较高的收益，而与 FF 价值/增长因子有较高相关性水平的股票不倾向于有较高的收益。用股票的 $\beta$ 值而不是账面/市场因子来度量风险这一命题引起了更多的质疑。

的私人信息假设而作为金融学的基础①，尽管私人信息假设已经安全地存在于有效市场圣殿里的神圣救世主的大堂中。

## 当我们到达钻石尖的时候

“幻想”的风险溢价故事还存在另外一个问题。

如果黄金机会的确代表风险溢价的传递，那么它应该随着时间均匀地实现，至少应该与投资者对风险的敏感度同样均匀。②

但是，我们从图 3—1A 和图 3—1B 中知道黄金机会的很大一部分出现于公司宣布盈利的三天。我们这些异教徒争辩市场出现了意外，高价股报告的收益出人意料的差而低价股的收益却意外的好。

“幻想”的信徒们一定会争论，因为这些时期风险特别高，低价股相对高的回报是这些风险的溢价。但狂热分子必须接受在盈利公告日所观察到的下列现象的可信解释。

a. 为什么持续上涨的高价股（其在盈利公告日附近一般会创造较高的回报）最初的不确定性不断增加，而所谓的失败者回报虽低其不确定性也在下降呢？

b. 为什么依据 6 个月的业绩排序后的 8 个月之后，相对风险发生了转换（如图 3—1A 和图 3—1B 所示）？我们已经在前面讨论了无效市场无法识别出好的报告之后还有更多好的报告。当好的报告真的来了，

---

① K. French and R. Roll，“Stock Return Variances：The Arrival of Information and the Reaction of Traders,” *Journal of Financial Economics*（1986）. 弗伦奇和罗尔（French and Roll，FR）发现在 1968 年的每周三，也就是纽约证券交易所收盘追赶文书工作的时间，当交易开盘时，股票价格的波动性是其价值的一小部分。在 1968 年每周三的正常交易时间段内，所有与股票定价相关的其他信息来源呈爆炸性。唯一封闭的信息来源是股票自身价格的变化。FR 得到这样一个结论：当市场收盘时，投资者可能会停止寻找新的信息，因为他们必须等到开盘时才能对信息采取行动，而并没有得到这样一个明显的结论：股票波动的一个重要构件是由对股票价格变动的反应所驱动的（一个与有效市场不相符的结论）。在《华尔街野兽》（*Beast on Wall Street*）一书中，我把这一结论称为荒谬的私人信息假说。就像我在本书第十一章中所表明的那样，当市场开盘时，额外波动的来源是复杂的甚至混乱的交互行为，这种交互行为是由于交易者对股票价格的变化和市场风险估计的变化做出反应所产生的。

② 不仅风险水平可能会随着时间的变化而变化，而且风险厌恶的水平也可能会随着我们在业务周期中投资者获得不同收益水平的时间点的不同而变化。

市场会过度反应，认为好的报告将会一直持续下去。但是狂热分子如何解释相对风险的变换呢？

下面的结果会令“幻想”的信徒更加迷惑。

三位教授 Chopra，Lakonishok，Ritter（CLR）发现剩余的黄金机会出现在年末或年初。①

CLR 按照过去五年的收益率对他们研究的股票进行排序。② 他们将过去表现最差的 5%的股票放在第 1 组，稍差的 5%放在第 2 组，依此类推，最好的 5%的股票列入第 20 组。

在过去 5 年里这些股票的平均月度收益率如图 7—1 所示。1 月份的平均收益率排在后面，而其他月份的平均收益率排在前面。③

无法置信！

相对于过去的成功者，过去的失败者在 1 月份的收益率如此之大。④

为什么出现这样的现象呢？

对于低价股而言，1 月份不是风险很大的时期，而对于高价股而言，1 月份也不是那么安全的时期。

但是对于很多资金管理者而言，1 月份是特别活跃的时期。

在一年内都做得很好的资金管理者有动力在冬季到来的时候锁定他们的业绩。因为如果已经表现很好的业绩变得更好，奖金并不会增加得太多，但如果业绩变得一般，奖金则会差很多。

因此，如果你做得好，一定要锁定你的业绩。怎样？你的评价标准是相对于标准普尔 500 指数的表现。当你希望将你的业绩调整到一个进取型的位置时，那么依据你的评价标准向蓝筹股进军。

---

① N. Chopra，J. Lakonishok，and J. Ritter，“Measuring Abnormal Performance，” *Journal of Finance Economics*（April 1992），p. 235.

② CLR 观察了 1926—1986 年在纽约证券交易所上市的公司。图 7—1 的结果显示了在整个时期中五年期窗口的平均值。

③ CLR 还发现大部分黄金机会会出现在盈利公告日左右为期三天的时段中。他们的结果同 Jegadeesh 和 Titman 的结果（图 3—1A 和图 3—1B）几乎一致，除了 CRL 最初对股票进行归类时是以股票在过去 5 年中的全部收益为基础的，而不是 JT 所用的 6 个月。因为他们是以一个较长的期限为基础对股票进行归类的，所以他们发现了长期的反转型的证据，但是他们没有发现收益的短期惯性模式。

④ 这一结论是在 W. DeBondt and R. Thaler，“Does the Stock Market Overreact?” *Journal of Finance*（July 1985）中第一次被发现的。

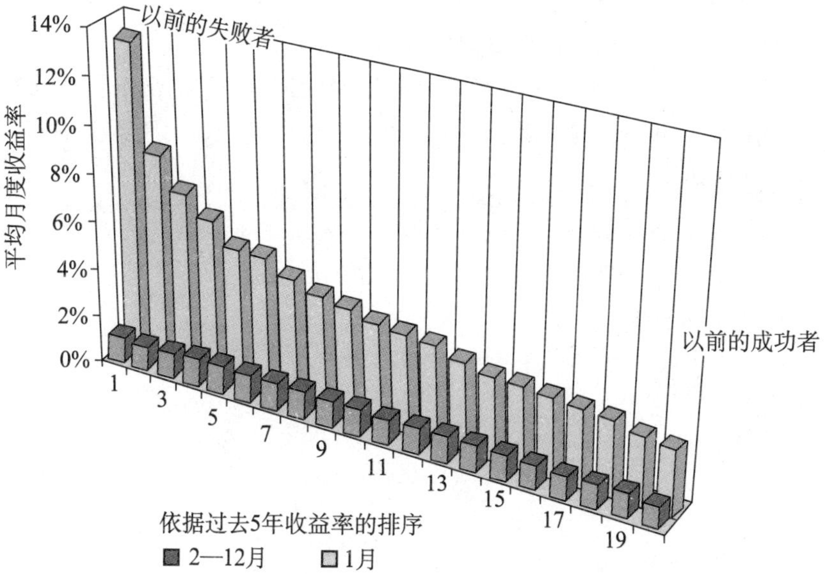


**图 7—1　价值股组合和增长股组合的季节性收益率**

资料来源：N. Chopra，J. Lakonishok，and J. Ritter，"Measuring Abnormal Performance：Do Stocks Overreact?" *Journal of Financial Economics* 31，no. 2（April 1992），Table 3.

同样的道理，如果你的业绩很糟，那么年底的时候你应该出售那些表现不好的股票，取而代之以蓝筹股，这样当你的客户在年底审查你的组合时会看起来好得多。在一年剩余的时间里将蓝筹股构成你评价标准中的大部分，会使你的相对业绩看起来不太糟。

不同的资金管理者锁定好的业绩或调整差的业绩的过程会发生在一年的稍后阶段，因此这样的调整过程被期望形成较小的市场影响。

回顾一下整个过程，这无论如何是不同的内容。

在一年中第一个交易日的清晨，发令员举起枪，枪响了。

战胜市场的竞赛在新的一年里开始了。

然而，无论是以前锁定好的业绩还是避免差的业绩的投资人都退缩了。

不过他们的退缩是有选择的，他们购买他们认为被低估的股票，寻找便宜的交易，投资于价格被压低的股票，避开或出售价格被高估的股票，出售价格膨胀的股票。

因为支持者立刻同时采取行动，他们的交易促使股票价格发生变化，促使交易量增加，从而使膨胀的价格下降。

我们在图 7—1 中所见的不是风险溢价的转移，1 月份不存在任何特别的风险。相反，我们看到的是被专业投资者所推动的股票价格回归公平价格的轨迹。

股价被过度反应的市场高估或低估了。

黄金机会不是理性的有效市场所期望的风险溢价。

它是一个意外。①

① 然而在另一篇论文中（E. F. Fama and K. R. French，"Common Risk Factors in the Returns on Stocks and Bonds," *Journal of Financial Economics* [February 1993]），FF 指出（表 9a，第ⅳ行），在市场环境中：(a) 账面价值与市场价值比高的股票和账面价值与市场价值比低的股票的表现是一样的，(b) 大盘股和小盘股的表现是一样的，(c) 大盘指数的收益率等于无风险收益率，我们不应该期望看到任何超越市场五分之一的规模或者说账面价值与市场价值比。当然，这对于狂热分子来说并不那么令人信服。他们想要证明通往财富的道路是充满危险的。他们也想知道为什么价值补偿会表现为这样一种特殊的季节性模式——一种恰好符合市场过度反应假说的模式。仅仅把这种价值补偿称为投资风险溢价是不充分的。

# 第八章　在股票市场上忍受风险

## 风险和预期收益率的 1 月期检验

让我们描述一下到目前为止已经知道的：

a. 低价股往往产生高回报，高价股则倾向于产生低回报；

b. 低价股风险较低，高价股风险较高；

如果给定条件 a 和 b，结果可能是：

c. 低风险的股票具有较高的期望收益率，高风险的股票具有较低的期望收益率。

但是典型的 MBA 会告诉你："在股票市场上，风险与回报是正相关的——风险越大，回报越高。"

这是因为 MBA 经过细致的培训从而相信"理论"与"幻想"。

尽管 FF 不承认依据他们的结果能够得到 c，但是仔细来看是这样的。

从图 8—1A 到图 8—1J，我们依据 FF 的分析建立了 10 组风险（$\beta$ 值）和已实现的收益率之间的联系。[①]（图 8—1A 是最小公司的股票，图 8—1J 是最大公司的股票。）我们穿过每组的散点画出标准的回归线。[②] 所有直线的斜率都是负的，尽管不太显著。

在一项近期的研究中[③]，Ang，Hodrick，Xing 和 Zhang（AHXZ）发现股票的平均回报和股票波动性的构成因素之间构成反向关系，这种成分是无法被 FF 的超额市场回报、大公司股票与小公司股票之差以及价值股与增长股之差这三个风险调整系数所解释的。让我们将这种无法解释的波动性的成分称为误差波动性。

---

① 这些图是根据 FF［E. Fama and K. French，"The Cross-Section of Expected Stock Returns，" *Journal of Finance* 47，no. 2（June 1992)］表 1 的行 A 和行 B 绘制出来的。

② 这条线将会使 10 个观测值到这条线的垂直距离的平方和最小化。

③ A. Ang，R. Hodrick，Y. Xing，and X. Zhang，"The Cross-section of Volatility and Expected Returns，" *Journal of Finance*（2006).

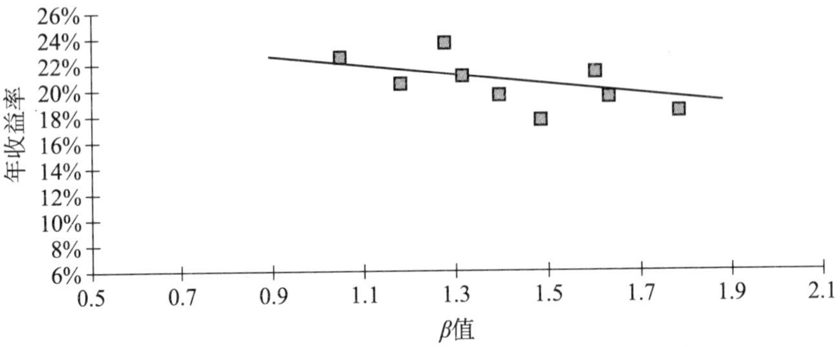


**图 8—1A　以 1 个月长度对风险—收益关系的检验：第 1 组（1963—1990 年）**

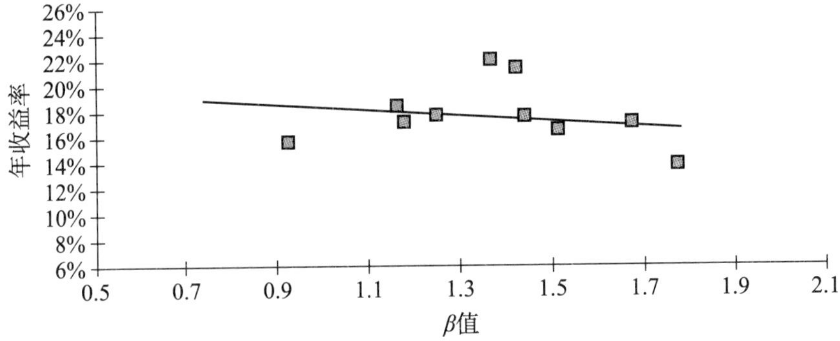


**图 8—1B　以 1 个月长度对风险—收益关系的检验：第 2 组（1963—1990 年）**

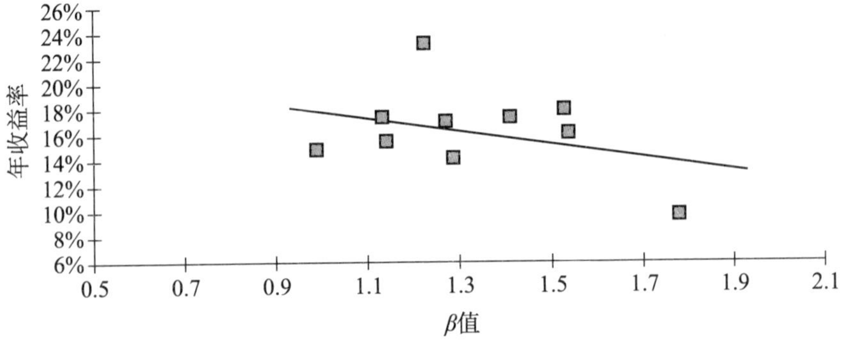


**图 8—1C　以 1 个月长度对风险—收益关系的检验：第 3 组（1963—1990 年）**

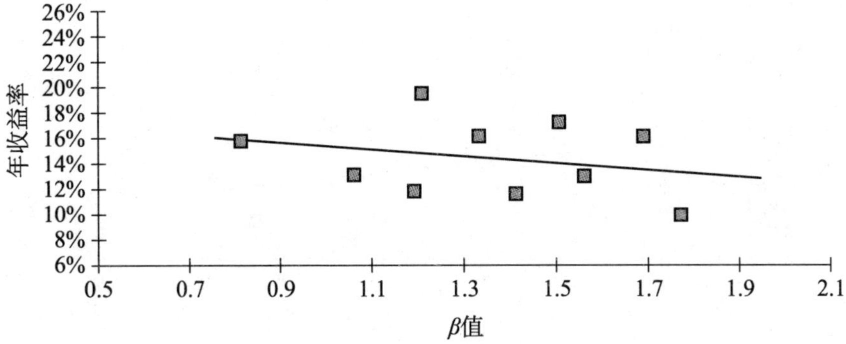


**图 8—1D　以 1 个月长度对风险—收益关系的检验：第 4 组（1963—1990 年）**

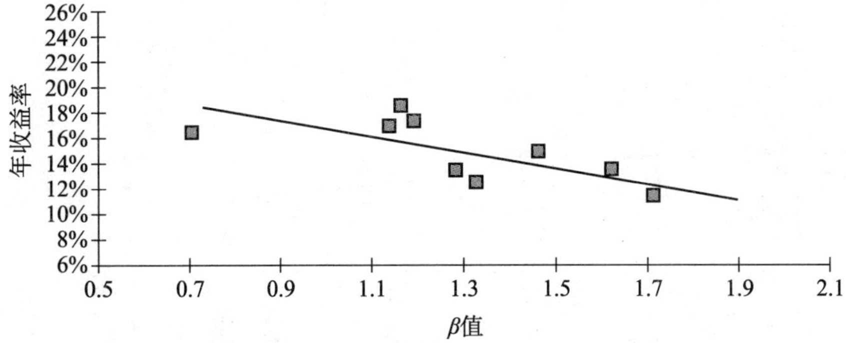


**图 8—1E　以 1 个月长度对风险—收益关系的检验：第 5 组（1963—1990 年）**

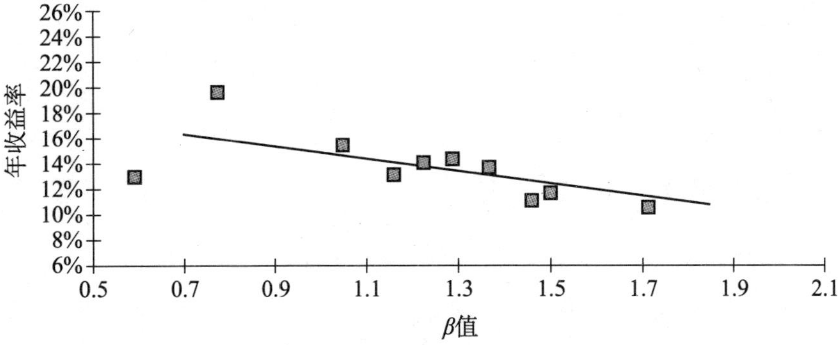


**图 8—1F　以 1 个月长度对风险—收益关系的检验：第 6 组（1963—1990 年）**

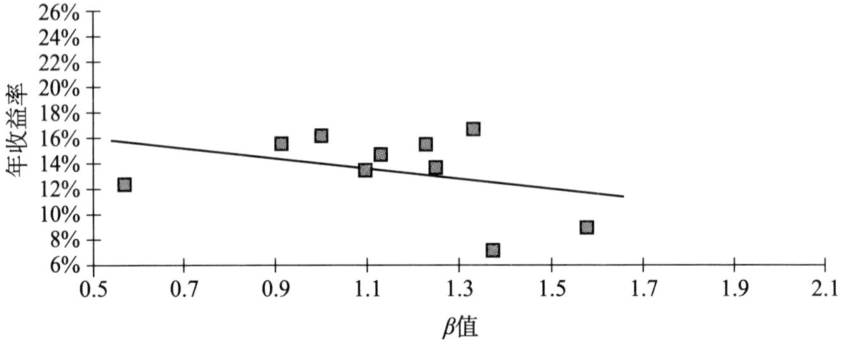


**图 8—1G　以 1 个月长度对风险—收益关系的检验：第 7 组（1963—1990 年）**

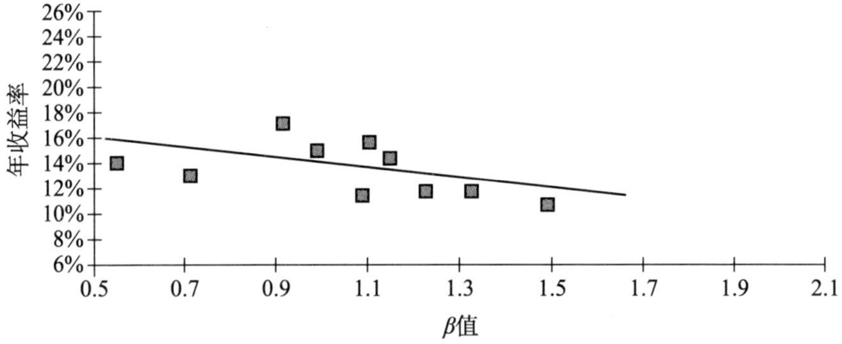


**图 8—1H　以 1 个月长度对风险—收益关系的检验：第 8 组（1963—1990 年）**

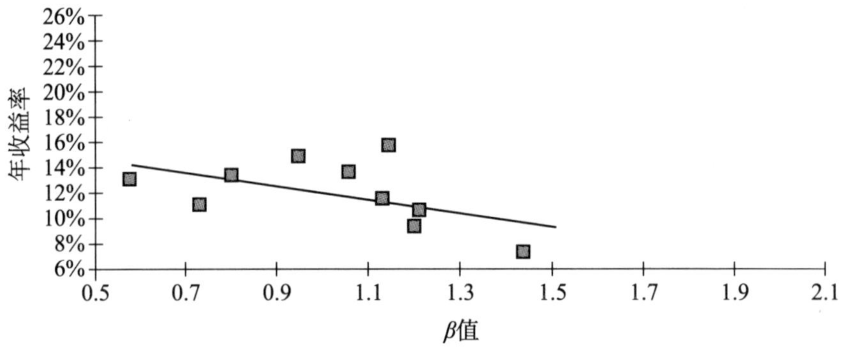


**图 8—1I　以 1 个月长度对风险—收益关系的检验：第 9 组（1963—1990 年）**

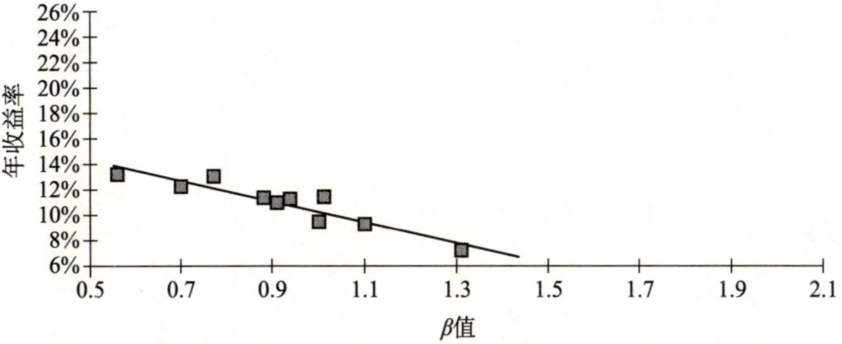


**图 8—1J 以 1 个月长度对风险—收益关系的检验：第 10 组（1963—1990 年）**

资料来源：E. Fama and K. French, "The Cross-Section of Expected Stock Returns," *Journal of Finance* 47, no. 2 (June 1992), Table I.

1963 年 7 月—2000 年 12 月期间每月月初，AHXZ 依据误差波动性对股票排序，通过上个月每日回报进行计算。依据排序分为五个组合，每一组都具有相同的市场价值。每一个组合用每只股票的市场价值加权。这些组合的平均年回报见图 8—2。

高风险与低风险组合平均回报的差距有较强的显著性，AHXZ 估计 1963 年之后风险的价格是负的。

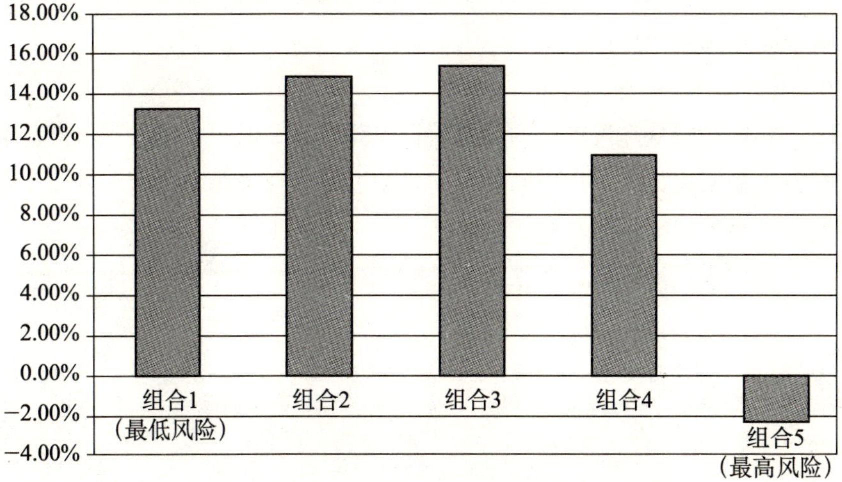


**图 8—2 依据剩余风险排序的股票组合的收益率**

正如我们在本章附录中提到的，FF 和 AHXZ 的结论中有关风险和收益之间的关系在采用了对收益更加合适的测算后已经更加有意义了。

## 异教徒和狂热分子最后的一致

所有人都同意“理论”关于主要市场指数作为判断有效市场的观点是错误的。所有人都同意具有高回报和低波动性的组合是可能得到的。

讨论集中在黄金机会的本质上，它是惊喜呢还是风险溢价呢？

狂热分子们认为低波动性组合的风险溢价对于投资者而言具有深刻的意义。风险超越波动性而与受一系列宏观经济因素影响的回报的敏感性相关。对风险的高度关注已经超过对波动性的关注。

这些具有低波动性的组合令我们害怕，而高波动性的组合带给我们舒适。我们期望也要求不同组合给我们带来不同的回报。①

他们如此说。

并不是根源于过度反应的错误定价带来了所期望的和最终所接受的系统性和可预期性的差异。错误定价的模式使我们渴望从高波动性的投资中获得高额回报。

但我们如此说。

我们希望从高波动性的股票组合中获得高额回报，但是我们并没有获得高额回报，因为我们对过去的业绩过度反应，最终在未来接受了低收益的更加易变的增长股。

我们害怕波动性，非常害怕。

---

① Lettau 和 Wachter 试图解释“为什么价值股同时拥有比增长股更高的收益和更低的 $\beta$ 值”。M. Lettau and J. Wachter，“Why is Long-Horizon Equity Less Risky? A Duration Based Explanation for the Value Premium,” *Journal of Finance* (2007). 他们认为如果假设投资者不害怕与股票投资相关的风险溢价的改变，他们可以解决这一明显的矛盾。但是，就像我们在第十一章中将要指出的那样，决定标准普尔 500 指数每日投资收益率变动的一个最重要因素是市场波动性评估的日变化。当波动幅度上升时，标准普尔的价格水平就会下降，从而表明高的风险厌恶水平与这一波动是相联系的。

这就是埃德加·劳伦斯·史密斯和许多研究者发现的股票回报常常超过债券回报很多的原因。股票具有很大的风险溢价，这类证据我们不断看到。很难在一个十年期间里找到债券的表现超过股票的情况。股票预期收益率的风险溢价不断从股票与债券收益率的差异中证明自己的存在。

但是股票收益率横截面的风险溢价又如何解释呢？为什么我们无法发现股票预期收益率的风险溢价存在于现实之中呢？

因为它并不存在。

你看，我们惧怕股票波动性，同时我们需要从股票的投资中获得更高的回报。

从一些研究中也能看到这种恐惧，这种恐惧超出了因过度反应所带来的相对价格扭曲的横截面范围。这些研究包括本书图 11—2A 所提供的证据，即我们对非预期的整体市场波动性的增加具有消极反应。[①②]

随着市场指数波动性的增加，股票价格的总体水平不断下降，这样经过一段较高波动率的时期，将来我们会获得更高的回报。经过价格调整之后，收益的确会提高一些。

相反地，随着投资者降低必要收益率，波动率的非预期下降伴随着股票价格的上升，经过调整后已实现的回报变得相对较低了。

我们对波动率变化的反应非常强烈、一致与显著。

我们害怕波动性。

但是这些害怕和担心在横截面的股票回报中没有表现出来，因为与

① K. R. French, G. W. Schwert, and R. Stambaugh, "Expected Stock Return and Volatility," *Journal of Financial Economics* (1987), pp. 3-29. R. A. Haugen, E. Talmor, and W. Torous, "The Effect of Volatility Changes on the Level of Stock Price and Subsequent Expected Return," *Journal of Finance* (1991).

② 一般认为（参阅 R. Roll and S. Ross, "On the Cross-Sectional Relation Between Expected Returns and Betas," *Journal of Finance* (1992)）这一横截面的结果仅仅是选择一个指数的结果，而且这个指数并不是真实存在的市场组合。但是，由于这一指数具有代表性，β系数测算出了单个股票对指数波动的贡献。因为其他研究明确指出投资者会对没有预期到的美国股票指数波动程度的上升做出消极的反应，为什么同样是害怕指数波动的投资者会期望波动率最大的股票拥有最低的收益率呢？答案似乎是因为他们不希望得到相对较低的收益。这多么令人吃惊。

过度反应有关的市场价格扭曲、模糊并最终消除了我们的预期。[1]

## 为什么在教科书里没有看到这些?

也许你在金融学的教科书里看到的许多图表都说明风险和预期回报之间具有正向关系。

这些结果从哪里来?有人虚构了它们吗?

为了发现我们被什么蒙蔽了这么长时间,我们需要回到第一章的FF研究。

FF对很长一段时间(1941—1990年)进行了检验。在检验中,纽约证券交易所的股票首先是按照每年的规模进行排序,股票中规模最大的10%构成第一组,接下来的10%构成第二组,依此类推,在以后的每一年中股票被重新排序和分组。[2]

然后观察1941—1990年这段时间每一组的月收益率。每一组的平

---

① *The Inefficient Stock Market: What Pays Off and Why* (Upper Saddle River, NJ: Prentice Hall, 1999). 在上述论文中,我对于风险和收益的负相关性提出了两种互斥,也可能是互补的解释。就像我们不久会看到的那样,当受托人在市场中的力量增大时,风险和收益会相互转化(20世纪60年代初期)。从那时开始,市场被那些帮助别人投资的受托人所控制。受托人存在与工作相关的代理问题,并且这些问题会使得风险和收益的关系变化。首先,专业人员重新定义了风险。他们非常害怕市场表现不佳。风险不是股票每天的波动,相反,他们认为风险是一只股票的运动路径和市场指数的运动路径不相匹配的结果。如果一个股票组合的收益与标准普尔500指数的日常收益非常匹配,那么他们就认为这个股票组合是没有风险的。因此他们找不到任何理由对科技股进行折价,以使其产生风险溢价。

事实上,这里还有第二个与工作相关的问题使得有风险的科技股对受托人来说更具有吸引力。

专业的股票分析人员知道,向他们的投资委员会推荐股票时,给出一个令人信服的理由是至关重要的。他们被令人感兴趣的且令人兴奋的股票所吸引——为此,他们可以有一番大的作为——这些股票是在新闻中所提到的股票。这些股票的价格会随着消息的变化而迅速上升或下降,从而使得价格更加不稳定。但是专业人员认为就是这种不稳定性使它们更加吸引人和令人感兴趣,而不仅仅是增加风险。吸引人的股票是因为其令人感到兴奋而得到风险溢价,而不是因为它们有相对较大的风险而对其折价发行。与其相对应的业绩平庸的公司——例如,制造瓶盖或卫生纸的公司——股票的波动性较小。实际上,这些公司会因为其令人厌烦并且很难使专业人员产生兴趣而折价卖出,而不会因为它们相对较安全而产生风险溢价。

② 这些投资组合是股票的加权平均组合。

均收益率和市场敏感度展现在图 8—3A 中。最小规模的股票位于右上方，越偏向左下方，股票规模越大。

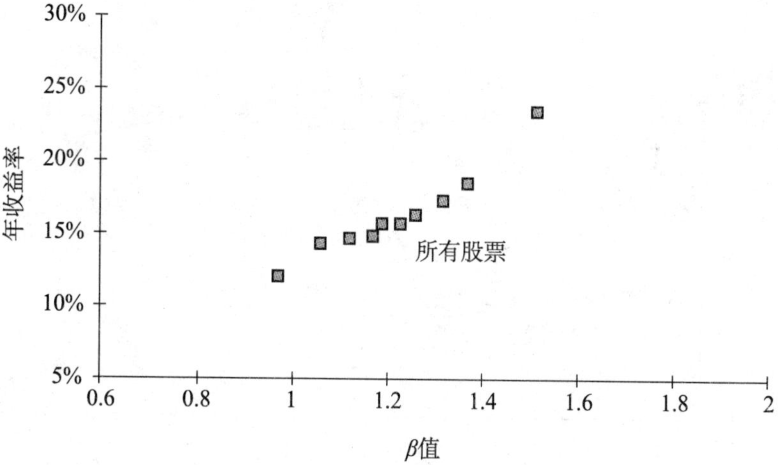


**图 8—3A　不同规模组合的 β 值与收益率的比较（纽约证券交易所，1941—1990 年）**

我们看到风险和已实现的收益率之间具有正向关系。

这是你过去常常看到的。

但是你在这里看到的不是风险溢价的证明，而是股票规模和流动性溢价的证明。小股票具有较高的预期收益率，它们也更具风险。但是，它们出众的收益率是由于规模和较高的相关交易成本带来的，而不是因为它们具有更高的市场风险。

为说明这一点，FF 对每一组股票按照每年的 β 值进行排序，对于规模最大的股票组，具有最大 β 值的 10%的股票被分为 1a 组，接下来的 10%被分为 1b 组，依此类推。观察 1941—1990 年这些子组的月收益率。如果 β 值是图 8—3A 中收益率差异的驱动因素，各子组应该分布在左下角的大股票组和右上角的小股票组之间的区域中。

从图 8—3B 中我们可以清楚地看到，事实并不是这样。各子组由三角形和方形表示。在大股票组内，风险最高的往往具有最低的收益率。

穿过散点的最恰当的直线具有负斜率。[1] 小股票组（无阴影的方块）也是如此。

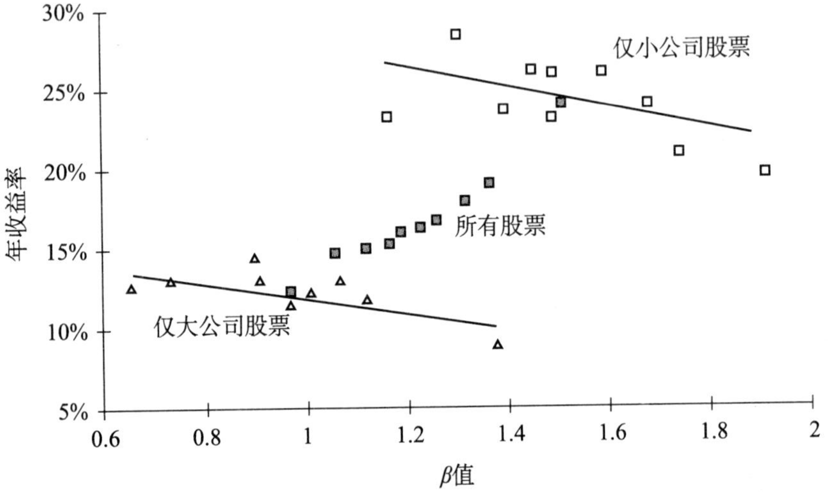


**图 8—3B　大小公司股票收益率与 $\beta$ 值的比较（纽约证券交易所，1941—1990 年）**

资料来源：E. Fama and K. French，"The Cross-Section of Expected Stock Returns，" *Journal of Finance* 47，no 2（June 1992），Table A. ll.

高风险，低收益。

教科书兜售的风险效应实际是一个流动性效应。

## "V"

投资者认为风险型股票不会产生较低的收益。低收益率属于意外。依据未来的盈利性来期望高价股的表现不太可能实现。

---

① 很显然，规模和 $\beta$ 值是高度相关的，那么在规模和 $\beta$ 值同时出现的所有回归中，这会引起多重共线性问题，从而使得解释各个变量的系数变得很困难。N. Jegadeesh，"Does Market Risk Really Explain the Size Effect?" *Journal of Financial and Quantitative Analysis*（September 1992）. 上述文章指出，投资组合的构建可以最小化规模与 $\beta$ 值之间的共线性。在双变量多元回归中，Jegadeesh 发现一个显著的规模效应，同时也发现了 $\beta$ 值和 1954—1989 年这一期间实现的月回报呈负相关关系（尽管不显著）。Jegadeesh 分析使用的是 CRISP 数据库，这一数据库不受残余偏差的影响。

实在太高了。

均值回归发生作用，实际的业绩令人失望。随着期望被修正，有风险的高价股的收益率系统性地低于预期值。

高风险，低收益。

如果风险和收益之间这种完全颠倒的关系背后是过度反应，那么当市场开始出现过度反应的迹象时，我们应该看到它们之间的关系由正常变为颠倒。

我们在第三章已经讨论过，在 20 世纪 20 年代末市场戏弄了增长股投资。在 30 年代、40 年代和 50 年代的大部分时间，依据预期增长进行投资已不再流行，而广泛接受的投资理念是格雷厄姆和多德在《证券分析》（*Security Analysis*）一书中所倡导的。[①]

在 60 年代早期，增长股投资的理念又再次占据上风。依据预期的未来增长进行投资的观点被重新接受，并且直到现在。

这是两段有趣的完全不同的时期。高价格增长股的投资理念在过去 35 年间居于主导地位。而在此之前格雷厄姆和多德的观点统治了 30 多年。

如果这是事实，我们应该看到增长股投资理念恢复之后，风险和收益的关系便颠倒了。风险和收益的关系在第一个时期基本是正向的，而在第二个时期基本是负向的。

为了验证这一点，我们将考察低波动率组合和标准普尔 500 指数之间的累计业绩差异。[②]

建立一个低波动率的组合，我们选择在纽约证券交易所交易的股票。我们从 1928 年 1 月开始，在 1928 年第一季度之初，我们找到过去 24 个月（1926—1927 年）跟踪期内收益率的波动率最低的股票组合（股票的名称和每只股票投资的资金比例）。

为确保过去的低波动率与未来的低波动率大体一致，我们需要保持组合的分散化。也就是说，我们需要避免深度陷入任何一类产业或一只

① B. Graham and D. Dodd, *Security Analysis* (New York: McGraw-Hill, 1934).

② 波动率被定义为每月收益的标准差（收益的计算包括股息和资本收益）。使用数值计算方案，我们无需转置回报的协方差矩阵就能够找到一个解决问题的正确办法（考虑权重限制）。

股票。我们还想保持组合的成分随时间的变化相对稳定，以避免收益被交易成本所吞噬，严重扭曲我们的研究结果。

每一季度初始，我们将运用哈里的“工具”寻找满足下列约束条件的具有最低可能的跟踪期波动率的组合：

1. 对组合中任何一只股票的投资额不超过组合的 5%，最低为 0%。(不允许短期交易。)

2. 对任何一个产业的投资不能超过 20%。

3. 对一只股票的投资额不能超过其占全部市场价值的 3 倍。(如果 IBM 占纽约证券交易所全部市场价值的 1.5%，在投资组合中就不能对它投资超过 4.5%。)

4. 组合的周转率不能超过 20%。①

我们将购买和持有投资组合直到 1928 年 4 月。在这个季度的开始，我们将重新构建符合上述所有条件限制的在过去 24 个月的跟踪期收益率波动率最低的组合。

我们一直坚持，直到 1992 年的最后一个季度。然后，我们将看到，在组合构建区内我们的业绩如何。

如果我们得到的数据背后是过度反应，我们将观察到业绩的累积差异呈现出一个“V”形模式。

在格雷厄姆和多德的时代，期望一般而言能够实现。风险性股票会带来更高的回报，低风险的股票会带来低回报。低波动率组合的收益将倾向低于市场平均水平。

低波动率和标准普尔指数之间的业绩累积差异倾向于下降。

下降，然后上升。我们将在相关业绩的历史记录中寻找 V 形。

我们一起分析是否我们能够找到。

依据之前讨论的组合分散化原则，低波动率的组合将在每季度初被重新构建。在每季度初，我们将发现在纽约证券交易所上市的在 24 个月的跟踪期内具有最低波动率可能性的股票组合。

因为我们需要两个跟踪年度来计算低波动率组合的权重，我们可以

---

① 在考虑交易成本和期望波动性的效应之后，在每减少一个单位波动性的边际交易成本与组合的年周转率的 20%相一致的水平时交易终止。

从 1928 年开始实验，即在有 CRISP[①] 记录后的两年。

1928—1996 年低波动率组合与标准普尔 500 指数之间的累积差异见图 8—4。

果然如此！

在格雷厄姆和多德的时代下降，在增长股投资的现代上升。

并且“V”形的最低点是复兴开始的时间。

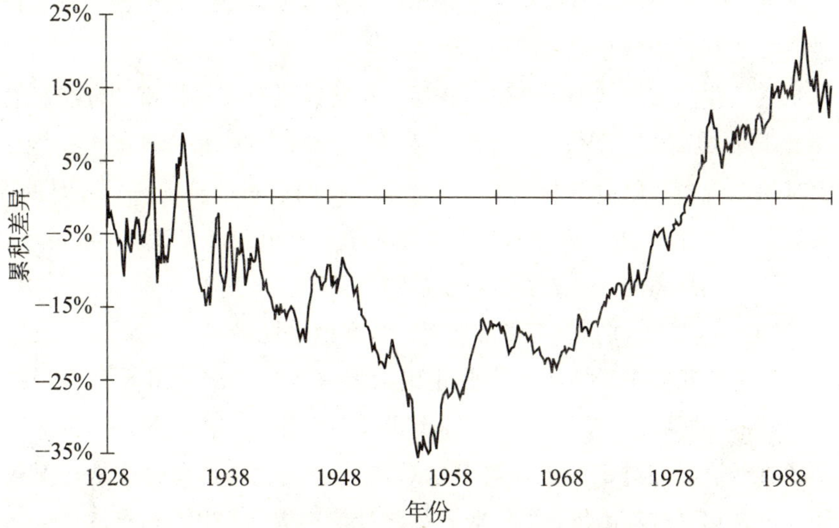


**图 8—4　标准普尔 500 指数和低波动率组合之间收益率的累积差异**

## 风险具有反面的抵消作用吗？

以上证明的风险的反面抵消作用直接动摇了现代金融学的基石。让我们更新这些结论来证明风险的反面抵消作用是否继续存在。

依据“理论”，市场的 $\beta$ 系数是区别不同股票期望收益率的唯一因素。市场 $\beta$ 系数越大，期望收益率将越高。

因为具有高 $\beta$ 系数的股票被期望具有高的收益率，所以它们倾向于在长时间内具有较高的实际收益率，就好像期望已经实现了。高 $\beta$ 系数

① 证券价格研究中心（芝加哥大学）。

的股票倾向比低 $\beta$ 系数的股票表现好。

并不总是如此。但是如果它们没有能够超越完整的市场周期的起伏，我们将严重地质疑它们是否是具有一般性的案例。

让我们观察一下从 1991 年起它们是如何表现的。选择美国市场上规模最大的大约 3 500 种股票，我们依据它们的 $\beta$ 系数进行排序，依靠可得数据计算 36～60 个月跟踪期股票的表现。在每一个案例中，我们计算每一只股票的收益率与标准普尔 500 指数收益率的相关性，以获得股票收益率对指数收益率的敏感性。

然后我们依据其敏感性进行排序，并将其进行相等权重的分组。第 10 组具有最高的 $\beta$ 系数，第 1 组的 $\beta$ 系数最低。我们持有这些组一个月的时间以观察其收益率的变化。在月末，我们重新计算每一只股票的 $\beta$ 系数，再次计算 36～60 个月的跟踪期，重新分组并再次观察其收益率。

那么，是高的 $\beta$ 系数创造高收益吗?

1990 年 1 月—2008 年 4 月期间，答案似乎说不。

但是让我们来看一下答案是正确的那一年的情况。图 8—5A 描述了 1991 年的情况。在 1991 年，全部的年收益率都与组的排序一致。图中的直线恰好穿过每一点，斜率是 6.32%，其含义是如果你从相对较低的组转移到较高的组，实际收益率将被期望提升 632 个基点。

注意各组收益率的平均水平。在牛市的情况下水涨船高。因此，毫不意外，对市场敏感性最高的股票组表现最好。

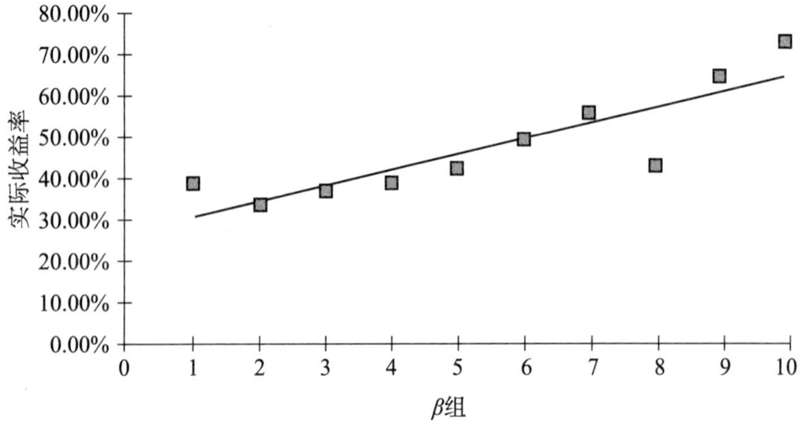


**图 8—5A　1991 年实际收益率与市场 $\beta$ 值之间的关系**

图 8—5B 显示了熊市的情况。这里，我们期望对市场敏感性最低的股票组表现最好。因此，我们期望牛市的时候斜率为正，而熊市的时候斜率为负，但是，近些年，风险的反面抵消作用的典型表现是什么？

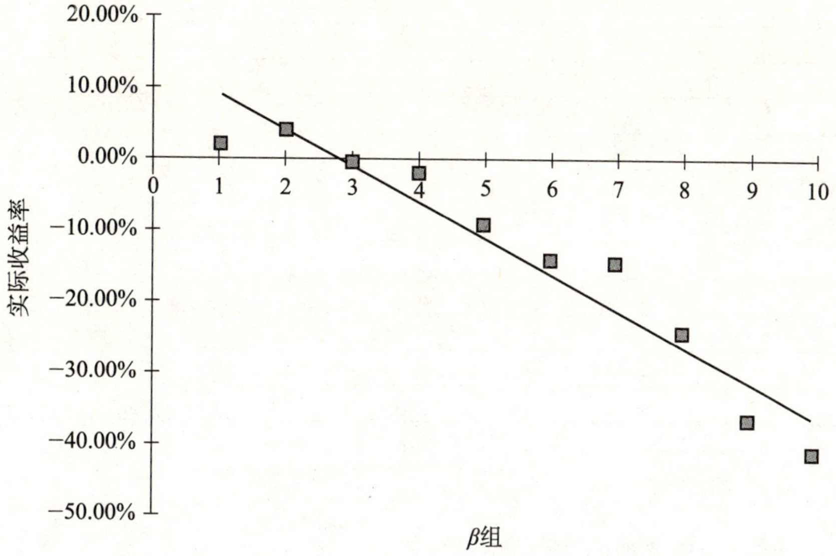


**图 8—5B　2002 年实际收益率与市场 β 值之间的关系**

表 8—1 说明了 1991 年至 2008 年 4 月以年为基础的斜率。注意 20 年中有 14 年的斜率为负。

"理论"再次被证据打败了。

我们再次发现风险与收益之间的负相关性，即高 β 系数的组带来了低收益。

是的。

对"理论"要怀有戒心。

**表 8—1　　市场 β 系数与实际收益率年度相关性的斜率（1990 年 1 月—2008 年 4 月）**

| 年份 | 斜率 |
| --- | --- |
| 1990 | −0.03 |
| 1991 | 3.62 |
| 1992 | −0.10 |
| 1993 | −1.72 |

续前表

| 年份 | 斜率 |
| --- | --- |
| 1994 | −0.09 |
| 1995 | 2.13 |
| 1996 | −0.50 |
| 1997 | −1.15 |
| 1998 | 0.42 |
| 1999 | 6.26 |
| 2000 | −2.25 |
| 2001 | −0.81 |
| 2002 | −5.06 |
| 2003 | 8.70 |
| 2004 | −2.65 |
| 2005 | −0.71 |
| 2006 | 0.04 |
| 2007 | −0.23 |

## 附录：被忽视的持有期问题

法马和弗伦奇（Fama and French，FF）观察了风险与其股票组合的月简单平均收益率之间的关系。如果投资者的持有期为一个月，那么这个过程是无偏的。但是，如果持有期超过一个月或者更长，那么 FF 对斜率的估测是偏向上方的。

我们知道，如果波动率非零，一个时间序列的收益率的简单平均常常大于几何平均，两者的差异会随着波动率的增加而呈比例增加。

思考下面的例子。有两个投资组合和两个时期。两个投资组合的价值在第一个时期的开始和第二个时期的结束都是 100 美元。但是，在期中，组合 1 降至 50 美元，而组合 2 降至 25 美元，然后它们又重新回到 100 美元。在一个期间它们的平均收益率是多少？组合 1 是 25% [=(−50%+100%)/2]。组合 2 有更大的波动性，是 112.5% [=(−75%+300%)/2]。

如果持有期是一期，25%和 112.5%是无偏估计。然而，如果持有期是两期，它们会是偏向上的，而这种偏差对于波动性大的组合会更大。

因此，如果真实持有期是 5 年，而我们假设持有期只有一个月，那么我们将会找到波动率（类似 $\beta$ 值）和月度收益率平均值之间的正向联系，即便经过 5 年组合波动性和真实期望收益率之间已经没有联系了。

想了解偏差的程度，我们可以进行以下操作。

假设投资者有 5 年的持有期。假设他们不在意风险，因此，经过 5 年，所有的股票具有相同的期望收益率。现在，随意扩展一下，20 个 5 年（扩展为 100 年）的组合收益率大概是年期望收益率为 12.5%，波动性为 20%。接着计算给定波动性下 20 个 5 年的算术平均值，将其标注在图 A8—A 上。

现在重复这个过程 199 次，每一次期望收益率都是 12.5%但具有不同的波动性[1]，然后将每一假设的组合作为一点标在图 A8—A 中。

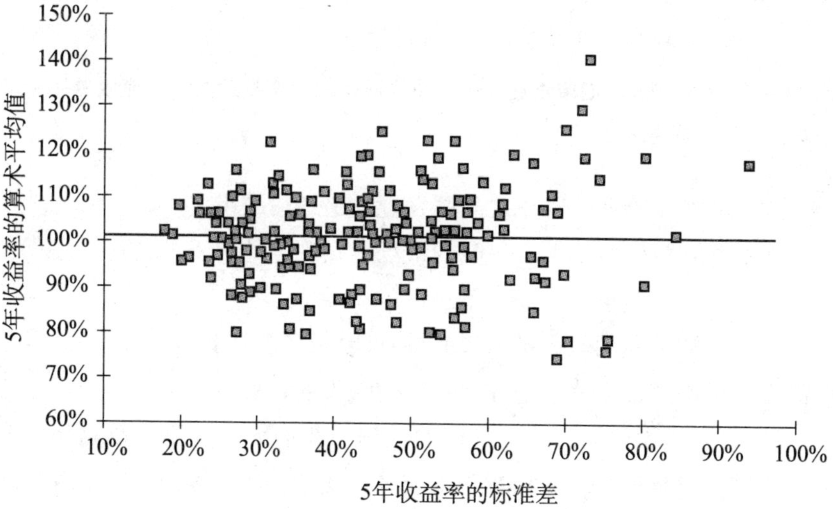


**图 A8—A　有相同 5 年期望收益率但不同标准差的 200 只股票的 5 年算术平均值与 5 年标准差的比较**

注意风险和已实现的累积的 5 年收益率之间没有显著的联系。

现在我们要做的是几乎每个人都已做的。

① 年度范围在 10%～30%之间。

这次我们将计算每一组合 1 200 个月收益率的均值，然后将它们和与其对应的月度波动性标注在图 A8—B 上。

啊哈！

现在我们发现一个正向的联系。

它非常显著，其决定系数为 28.94%，同时斜率的 $T$ 检验为 8.98。

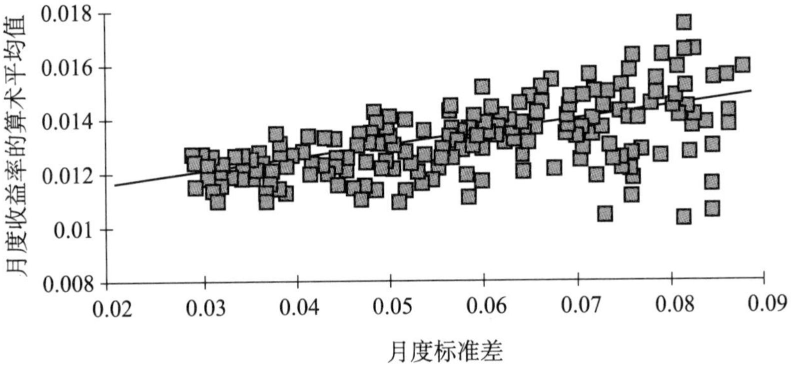


**图 A8—B 有相同 5 年期望收益率但不同标准差的 200 只股票的月度收益率平均值与月度标准差的比较**

这是有关风险和收益率之间曾发现的最好的结果之一。

我们是在投资者不关心风险的市场上发现它的。

但是在我们假设的市场上不存在风险溢价。

但是，如果我们假设投资者的持有期比真实时间短很多的话，我们就能发现上面的证据似乎能够支持风险溢价的存在。

FF 没有提供他们假设 1 月期的证据。我们无法真正了解真实持有期的长度，但是，我发现相对于 1 个月，支持 5 年假设的证据更容易发现。相对于月度，季度是测量投资行业最基本的时间单位。5 年是养老基金重新考虑资产配置的典型时段。5 年也是衡量投资管理者业绩的重要时段。多数基金无法忍受一个 5 年期间的业绩低下。而且，5 年也覆盖了商业领域的一个典型周期循环。①

---

① 用 5 年持有期证明风险与期望收益率之间呈反向关系的观点的第一个支持性证据请见 R. Haugen and J. Heins, "Risk and Return on Financial Assets: Some Old Wine in New Bottles," *Journal of Financial and Quantitative Analysis* (1975)。

# 第九章 圣 杯

## 简单总结

为了能够看清全局，让我们一起将已经学到的知识总结一下。

低价价值股，是指相对于其现金流、利润、红利和账面价值而言价格便宜的股票，我们预期这种股票的每股盈利增长速度在未来会低于平均水平。

高价增长股，是指相对于现金流、利润、红利和账面价值而言价格昂贵的股票，我们预期这种股票的每股盈利增长速度在未来会高于平均水平。

价值股与增长股的定价似乎在未来许多年里依据其相对增长都能够相互区别。

基于相对增长在很长时期内可以预测的增长股投资观念在 20 世纪已经两次被我们所接纳。每次这种观念的到来并没有带来任何证据表明长期的未来增长是可以预测的。增长股投资理念来而又去，然后又出现并停留在我们周围。

事实上，因为价值股公司倾向于自我重组和自我改造，或者被收购，并被迫进行重组和改造。因为它们往往面临盈利产品市场的疯狂竞争者，所有好的公司和坏的公司趋向平均业绩的速度都比市场认识到的要快得多。（见图 5—1 至图 5—6。）

在短期内，好的盈利报告之后往往跟着好的盈利报告，差的报告也是如此。依据所观察的回报率行为，市场对一连串报告的开头的反应较慢。但是，当一连串报告依次出现时，市场价格却反应过度，预期未来还有一系列好的或差的报告。事实上，不管前面的报告如何，未来的盈利水平高于或低于平均水平的可能性是相同的。对增长股来说，出现高于平均水平的报告是意料之中的事情，所以随着好的盈利报告的到来，价格没有出现显著的上升。另一方面，低于平均水平的报告是意料之外的，所以它们的到来常常伴随着价格的下降。作为高价股，给以高估价格购买它们的不幸投资者带来的是较差的收益。

对低价股来说情况正好相反。随着过去业绩差的公司迅速回归到平均水平，带来的是惊喜与好的收益。(见图 3—1A 和图 3—1B。)

因为市场开始反应不足，接着反应过度，所以我们看到的是呈现短期惯性模式和长期反转模式的现实证据。这些模式在计算各种收益率的波动性的研究中都表现出来了，其中收益率的计算可以是按周、按月和按年。(见图 3—3 和图 3—4。)

在低价股和高价股的长期竞赛中，低价股胜利了。(见图 6—2 到图 6—5B。)我们期望在过度反应的市场中也是这样。但是，因为投资者认为低价股风险相对较高，有可能是投资者期望和需要从低价股上获得高回报。依据迄今为止的证据，我们选择不接受对黄金机会的这种另类解释。原因在于：(a) 风险溢价看起来令人难以置信的大[①] (见图 1—2)；(b) 低价股在一个惧怕波动性的市场上具有较低的风险 (见图 1—3)；(c) 黄金机会特殊的时间模式总在盈利公告日附近 (见图 3—1A 和图 3—1B) 以及年初或年末出现 (见图 7—1)。

因为低风险的低价股往往带来高收益，而高风险的高价股往往带来低收益，市场对过去盈利模式的过度反应压倒了市场对风险的恐惧。事实上，投资者对高风险的高价股要求高回报，但是高价格的风险在于相对于其真实前景，高价股的定价太高了。实际的结果系统性地达不到投资者的短期期望，高风险的高价股往往带来低于平均水平的回报，低风险的低价股事实上正好相反。(见图 8—1A 到图 8—1J。)

总之，事情就是这样。

## 俯视通往钻石尖和钻石柱之路

因此，价值股和增长股的未来究竟怎样？假定用我写这本书时的价格购买这些股票，那么 20 年后我们期望从股票那里得到怎样的回报呢？

---

① 价值股与增长股已实现收益的差异是股票与国债之间利差的两倍，难道我们能够得出这样的结论：投资者认为价值股与增长股之间的风险差异是股票和国债之间风险差异的两倍？

你也许记得第五章中，法官曾允许我可以回忆“发热的射击点”(hot shots)。下面我将行使这项权利。

让我们拿回圣诞树，将所有的礼物都取下来。

图 5—6 显示的是依据每股盈利率（E/P）进行分组的各组股票每股盈利的相对增长率。它表明在按照这个比率排序之后的年份中，相对于现在的盈利水平而言，高价股的盈利增长快于平均水平，而低价股的盈利增长慢于平均水平。

但是，随着时间推移到排序后 2 年、3 年、4 年和 5 年，高价股和低价股的盈利增长都回归到平均水平。

假设图 5—6 能够准确公正地表示随着未来时间的推移相对增长回归到平均水平的程度。

如果真是这样，我们能否说，在均值回归的过程中，市场对股票的定价还算公正?

我们将用 Fuller，Huberts 和 Levinson 采用过的标准，从 2008 年中期开始构建一个股票样本。[①] 我们依据每股盈利率对股票排序。市盈率最小的 20%的股票的盈利率中间值与最大的 20%的股票的中间值如下所示[②]：

| 组别 | 盈利率 |
|---|---|
| 最低盈利率（昂贵） | 2.51% |
| 较低盈利率 | 4.59% |
| 中间值 | 5.94% |
| 较高盈利率 | 7.62% |
| 最高盈利率（便宜） | 12.49% |

为了计算简便，假定每组平均市场价格都是 100 美元。现在高价股的平均盈利是 2.51 美元，价值股是 12.49 美元。

现在，我们需要一个一般股票的长期名义增长率，即高价股和低价股最终都要回归的平均增长率。

名义增长率是预期通货膨胀率和经过通货膨胀调整的美元计算的实

① 我们排除每股收益为负的股票。

② 对于联邦住房贷款，按照它们的方法，是产业分散化的。

际增长率之和。

自从 1926 年以来，美国的普通股为投资者创造了 8%（经过通货膨胀调整）的收益率。过去十年，一只普通股平均支付收益中的 52%作为红利，保留 48%作为未来的增长，而实际增长为 48%×8%≈4%。

现在我们需要估计长期通货膨胀率，假定为 3%。①

因此，我们计算的实际增长率 4%加上预期通货膨胀率 3%，我们将获得 7%的期望名义增长率。②

所以，我们可以解释在图 5—6 的横轴上相对于 7%的增长率。在第 1 年，预期高价股的盈利为 7%+8.6%=15.6%，而低价股是 7%−9.9%=−2.9%。

但是，记住开始时，低价股的盈利为 12.49 美元，而高价股仅为 2.51 美元。

假定自 2008 年以后不同的类型依据图 5—6 显示的模式发展，我们可以得到图 9—1 表示的未来每股收益的时间序列。

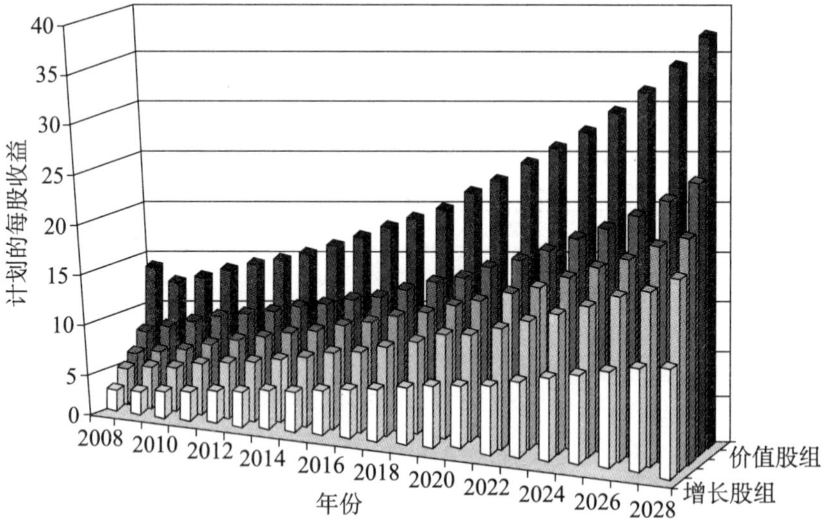


**图 9—1　计划的每股收益**

① 2008 年中期时，以消费者价格指数衡量的通货膨胀率维持在低于 3%的水平。

② 读者应该注意到这个数据对于计算价值股与增长股之间的相对预期未来收益是无关紧要的。

给定低价股（第1年盈利较高）开始处于领先地位，并且盈利增长具有均值回归倾向，高价股将永远无法赶上低价股。

为了发现作为股东这一收益率意味着什么，我们必须将盈利数字转化为红利数字。

因此，我们计算每组股票盈利中作为红利支付的百分比。假定有52%作为红利支付，我们期望得到的未来红利的时间序列见图9—2。

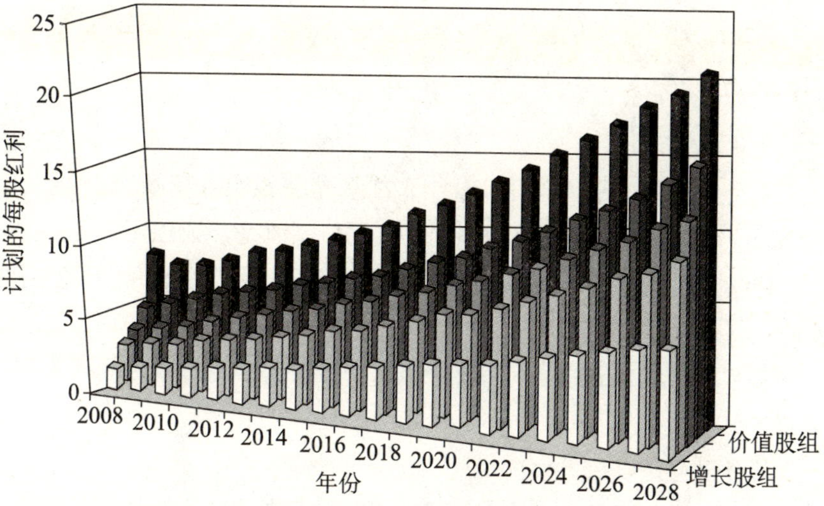


**图9—2 计划的每股红利**

再一次，高价股赶不上低价股。

假定我们在2028年中期卖出高价股和低价股，是以何种价格出售呢？

对样本中的所有股票进行分析，市盈率中位数（市场价格与每股收益比）在2008年中期为16.77。假定现在是对未来的最好预测，而且高价股和低价股在未来20年内趋于平均。我们运用市盈率来计算2028年的价格，可以得到：

2028年最低：16.77×39.08美元＝655美元

2028年较低：16.77×26.07美元＝437美元

2028年中间：16.77×22.32美元＝374美元

2028年较高：16.77×18.41美元＝309美元

2028 年最高：16.77×11.43 美元＝192 美元

由于低价股的预期红利和预期股价都比较高，我们可以预期其未来收益率较高。我们可依据未来的股价、红利和目前 100 美元的售价来计算各组股票的预期未来内部收益率。

结果是：

最低：15.86％

较低：11.79％

中间：10.42％

较高：8.90％

最高：5.58％

事实上，高价股和低价股之间的差异并没有 FF 所发现的历史（1963—1990 年）差异那么大（见图 1—1）。但是，记住 FF 研究的是 10％分组，而我们用的是 20％分组。另外，FF 最初的研究由于残存偏差而受到批评。

事实上，从本书的上一版出版以来，低价股和高价股之间未来收益率的差距变大了。

黄金机会比以前更大！

从整个简单练习中，我们发现，历史上存在的低价股和高价股之间收益溢价的相对定价结构在 2008 年依然存在，并且此后仍会产生相似的相对收益。

## 觉察到的和真实增长区间的相对位置

总之，前面的练习让我们明白简单而关键的一点：

> 除非可以反映巨大的风险溢价存在，在盈利增长均值回归的倾向非常强烈的前提下，低价股和高价股之间的 E/P 比率太大了（12.49％和 2.51％）。

E/P 比率之间巨大的差异反映出市场错误地认为投资者能够预测未来很长时期盈利的相对增长率。

在图 9—3A 中，横轴表示未来的时间，纵轴表示相对于平均水平的盈利增长。横轴上的实线表示最初增长超过平均水平的股票的预期增长率。为了简化问题，我们假设均值回归在增长区间的末端突然发生，而不是像图 5—6 那样渐进发生。

预期低价价值股的增长慢于平均水平，如图 9—3A 中的虚线所示。我们也认为价值股与增长股一样同时发生突然地均值回归。

我们称预期发生均值回归的时间为觉察到的增长区间。

注意，随着觉察到的增长区间变长，高价股的相对市场价值变大（将来时间越长越快于平均增长水平），而低价股的相对市场价值变小（将来时间越长越慢于平均增长水平）。给定目前盈利与预期增长率的差异，觉察到的增长区间越长，低价股与高价股之间的 E/P 比率差异就越大。

图 9—3A 中的点虚线表示我们可以预测到未来相对增长的时间长度。

我们称真实均值回归发生的时间为真实增长区间。

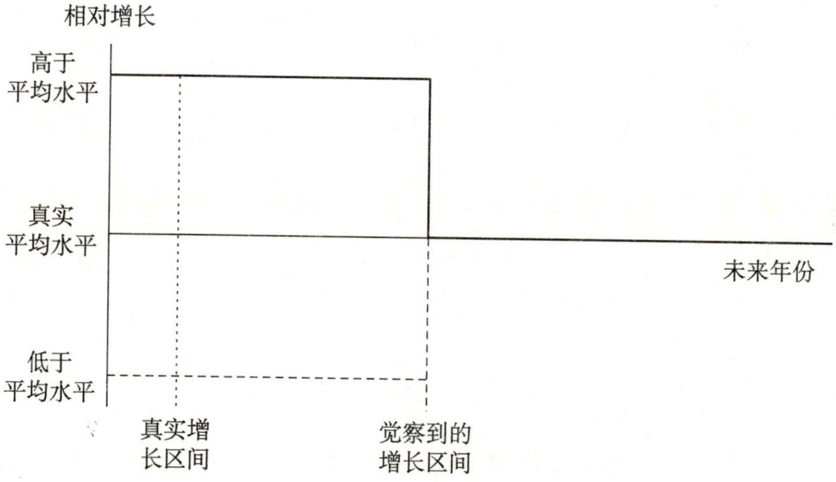


**图 9—3A　短期的高估**

观察图 5—6，回忆利特尔和其他人的研究结果，我们可以肯定地说真实增长区间相对较短。在假设突然而不是逐渐发生均值回归的条件下，真实增长区间也许只有一两年的时间。

图 9—3B 中的市场具有适当的增长区长度，但是它高估了平均股票

的增长率。图 9—3C 中的市场则综合了前面两个图中的增长率和增长区间的长度。①

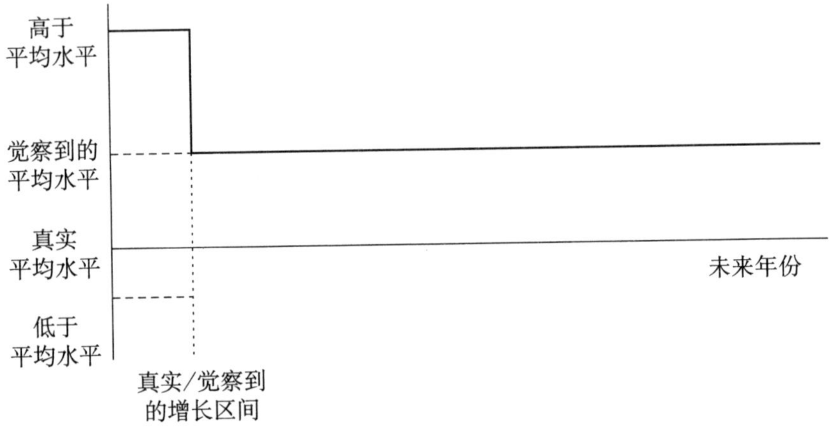


**图 9—3B　平均增长的高估**

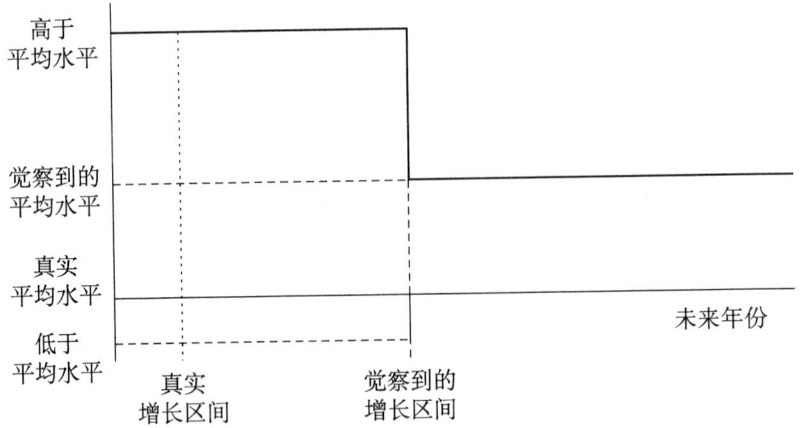


**图 9—3C　短期和平均增长的高估**

在这种背景下，低价股具有较高的预期收益率的原因可能有四种：

1. 如图 9—3A 所示，市场是非理性和无效率的，同时觉察到的增

---

① 几乎所有支持这一观点的证据都要打折扣，因为它是基于专业分析人员的盈利预测。正如我们将在以后章节看到的那样，分析人员为了自己能够升迁倾向于夸大收入。如果这样，那么分析人员总是认为预期收益高于实际收益的观点就有理可循。

长区间比真实增长区间要大得多。竞争促使相对增长率的均值回归比预期要快得多。今天的投资者在发现低价股和高价股之间收益率的差异时将会非常意外。[①]

2. 市场是非理性和无效率的，而觉察到的增长区间与真实增长区间一样长。然而，交易者对平均增长率过于乐观，如图 9—3B 所示。根据支持者的观点，这个所谓的误差会对高价股产生更加复杂的影响。[②]今天的投资者仍然会对相对增长的差异感到意外。

3. 1 和 2 的某种结合，如图 9—3C 所示。

4. 市场是理性而有效率的，同时觉察到的增长区间比真实增长区间更短（接受了第四章的观点）。今天的投资者会意识到短期的真实增长区间的长度和低价股与高价股之间未来预期收益率的差异，他们会要求不同的风险溢价（这是狂热分子的观点）。

旧金融学的支持者们认为觉察到的增长区间的长度为零。他们根本不会考虑未来的增长。这种观点可能太极端了。增长看起来只能够预测到较短的将来。另一方面，旧金融学时期的异类和今天的投资者也许可以接受存在觉察到的增长区间，如图 9—3A 或图 9—3C 所示。

这里有更直接的证据说明原因 1 或原因 3 可能是低价股与高价股业绩差异的最佳解释。

首先，我们考虑 Dechow 和 Sloan（DS）[③] 的研究结果，他们再次将纽约证券交易所和美国证券交易所的股票按照账面价值与市场价值比进行排序，然后分为十组。研究的时间为 1967—1991 年。对于每一年每个公司，他们先对六个最近年度的每股盈利[④]数据取对数，然后找出正好穿过这六个数据的直线。取这些直线的斜率作为过去的盈利增长率，这样他们就找到每组的平均过去增长率。

从图 9—4 可以清楚地看到，绝对高价股的组比绝对低价股的组具

---

① R. Haugen, *Introductory Investment Theory*(Upper Saddle River, NJ: Prentice Hall, 1987) 一书首次探讨这个问题。

② P. Dechow and R. Sloan, “Returns to Contrarian Investment Strategies: Tests of Naïve Expectations Hypotheses,” *Journal of Finance Economics* 43 (1997).

③ Ibid.

④ 直线的斜率是从直线一端到另一端以连续复利方式计算的年增长率。

有更高的过去增长率。DS 用度量过去五年增长率的方法研究了这些组未来五年的增长率。

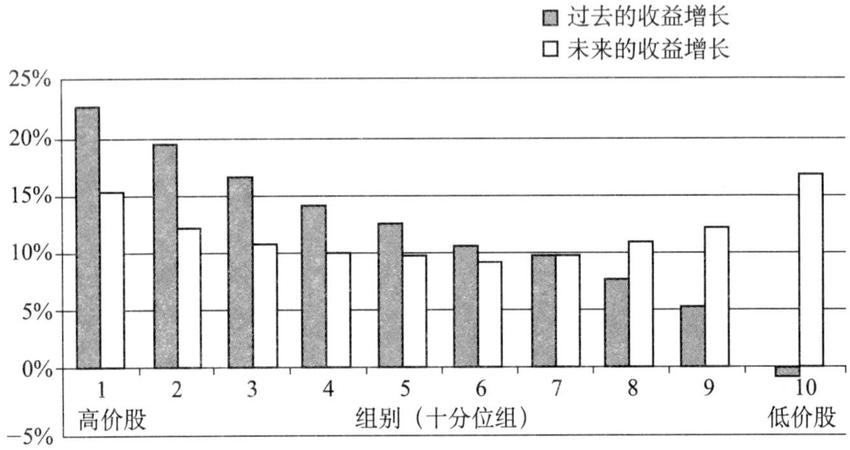


**图 9—4　低价股和高价股过去和未来的增长**

均值回归。

相对过去高价股在未来倾向于缓慢增长，而低价股则倾向于快速增长。[①]

如果投资者偏好依据过去预测未来，那么，他们将对高价股的增长率失望，而对低价股的增长率惊喜。

一项来自 Doukas，Kim 和 Pantzalis（DKP）[②] 的近期研究提供了对所有证据的清晰解释。

DKP 在 1976—1997 年期间研究了有关收益率的 44 536 个意外。收益的意外被定义为前一年分析师的预测收益率与该年实际报告收益率差异的中间水平。股票依据其账面价值与市场价值比或年初预测的它们的总市值进行分组。

图 9—5A 显示的是按规模排序的预测误差的中位数。注意这种误

---

① 当按照收入价格比排序时，他们得到迥然不同的结论，但这可能是因为这种方法不如便宜值法那么有效。毕竟，当价格高或者收入低时，收益率都可能很低。

② J. C. Doukas，F. Kim and C. Pantzalis，"A Test of the Errors-in-Expectations Explanation of the Value/Glamour Stock Returns Performance：Evidence from the Analysts'Forecasts，" *Journal of Finance*（October 2002）.

差与规模呈正向关系。分析师倾向于高估收益。注意对小公司的高估程度大约是大公司的 20 倍。

稍后，我们将提供一个这种模式的理想模式。

图 9—5B 显示的是依据账面价值与市场价值比进行排序的结果。非常意外，相对于增长股，分析师更关注价值股。对价值股的预测误差比增长股要高出 5 倍。这似乎超出迄今为止提供给我们的证据，如果投资者对增长股期望过高，那么，为什么预测误差反而小呢？

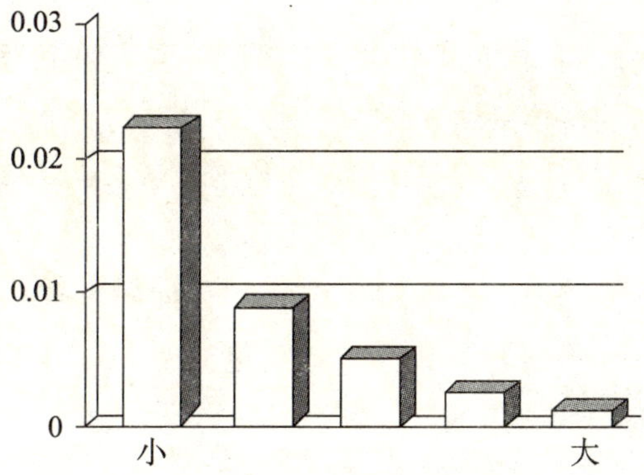


**图 9—5A　依据规模分类的中位数的预测误差**

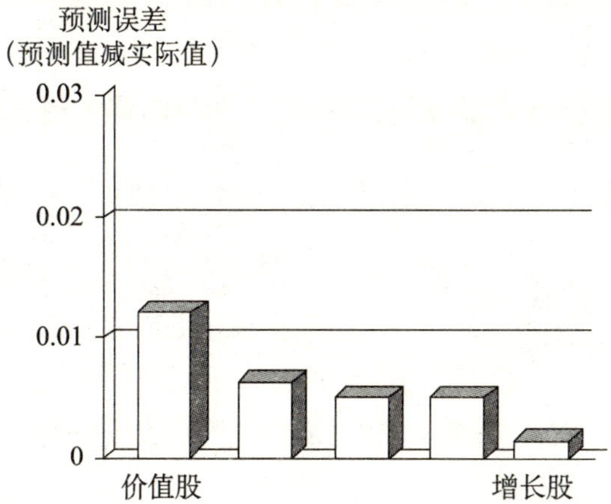


**图 9—5B　依据账面价值与市场价值分类的中位数的预测误差**

增长股的市场价格的确更高，DKP 削减了很多价格影响，也降低了预测误差。无论如何，DKP 用收益的缩减因素比如规模和资产得出了相似的结论。因此，我们看看其他的解释。

正如我们所见，解释存在于对一些小公司的过度预测模式中。在我们解释之前，先说明一下基本原理。

首先，来自 La Porta 的研究向我们提供了更多直接的证据来证明之前提到的原因 1 或原因 3 最接近正确答案。① La Porta 研究了 IBES (Institutional Brokers Estimates System) 对专业分析人员盈利预测的调查结果。IBES 的数据被投资者密切关注，因此，相对于普通的调查数据，其具有很高的可信度。

这项研究的时间为 1982—1991 年，覆盖了纽约证券交易所和美国证券交易所交易的每年平均 900 家公司。

La Porta 考察每一家公司在给定年份下，从上一年到本年每股盈利的一致性预测的变化，也就是说，假设在 1990 年 4 月对一只股票 1991 年盈利的一致性预测为 1 美元。一年以后，即 1991 年 4 月，对 1991 年每股盈利的一致性预测为 1.10 美元，变化记为+0.10 美元，说明 1991 年的预测好于 1990 年的预测。

如果真实增长区间确实比觉察到的增长区间短（见图 9—3A），随着时间的推移，投资者会对高价股的表现失望，而对低价股的表现惊喜。盈利预测将向下修正高价股，而向上修正低价股。

如果真实增长区间较短并且投资者对平均增长十分乐观（见图 9—3C），那么低价股也可能向下修正，但是调整的幅度将从高价股向低价股逐渐减少。

La Porta 依据第 n−1 年的 12 月对每股盈利的一致性预期增长率对股票进行排序，并分为十组。然后在第 n 年 4 月，将对第 n+1 年盈利的一致性预测按照第 n 年 4 月的股票价格比例放大，然后将按比例放大的预测与第 n+1 年 4 月以同样比例放大的预测进行比较。

图 9—6 的后排表示第 n 年各组增长率的平均一致性预测，前排表示第 n+1 年各组增长率的平均一致性预测。

啊哈！

① R. La Porta, "Expectations and the Cross-Section of Stock Returns," *Journal of Finance* (December 1996).

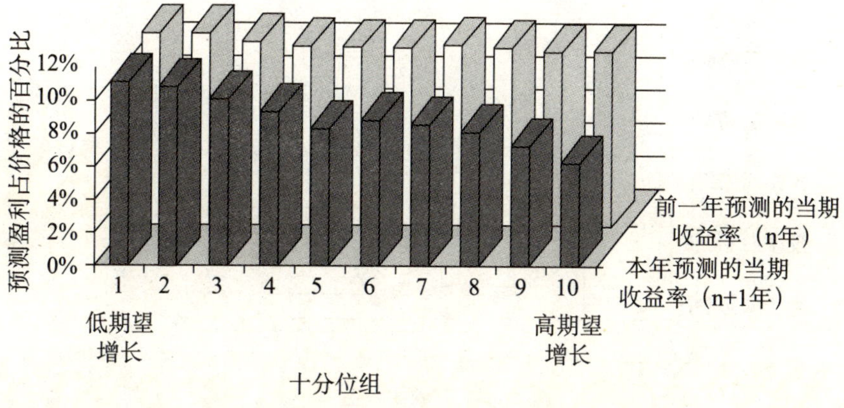


**图 9—6 依据期望增长分成的十组股票的盈利预测修正**

资料来源：R. La Porta，"Expectations and Cross-Section of Stock Returns"，*Journal of Finance* 51，no. 5（December 1996），p. 1730，Table Ⅳ.

所有的预测值都被向下修正了，但是从增长股到价值股的修正幅度逐渐变小。

现在这里有一块真正的骨头，"T-Rex"类型化石向狂热分子展示。

现在我们看看来自 La Porta，Lakonishok，Shleifer 和 Vishny（LLSV）关于股票市场对盈利报告反应的研究。[①] 他们的研究期间为 1971—1992 年，覆盖了纽约证券交易所、美国证券交易所和纳斯达克市场交易的股票。与本书提到的许多研究一样，他们在每年年中依据账面价值与市场价值比对股票进行排序并分为十组。LLSV 集中研究了在分组后的五年中，在盈利公告日附近三天，经过规模调整的股票收益率。[②]

图 9—7 显示了他们的研究结果。我们重点观察极端组（第 1 组和第 2 组，第 9 组和第 10 组）的平均情况。图中左侧柱形图表示高价增长股对盈利公告的经过规模调整的平均价格反应，右侧柱形图表示低价价值股的价格反应。[③]

---

① R. La Porta，J. Lakonishok，A. Shleifer and R. Vishny，"Good News for Value Stocks：Further Evidence on Market Efficiency，" *Journal of Finance*（June 1997）.

② 这一次，期限包括在《华尔街日报》公布的前一天、当天以及公布后的一天。

③ 所有公司按规模进行十分位数排序。对于那些既不属于增长型也不属于价值型的公司，它们在盈利公告日前后（在相同的季度）的收益会从价值型或者增长型公司的收益中扣除。

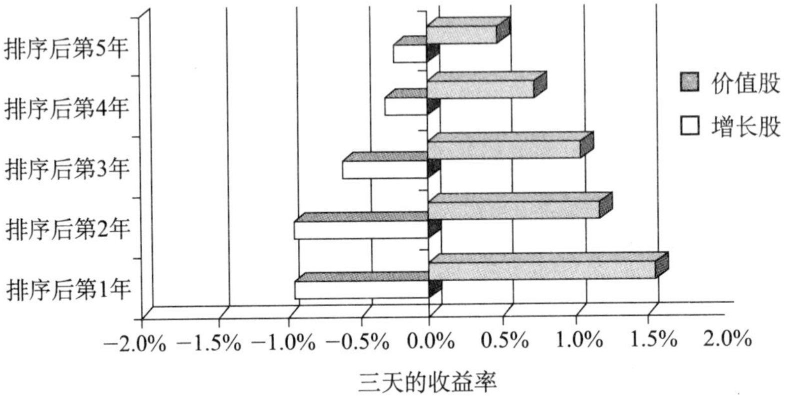


**图 9—7　盈利公告日附近增长股和价值股的收益率**

平均来看，高价股报告的盈利非常令人失望，而低价股则令人惊喜。它们之间的差异具有明显的统计显著性。

狂热分子躲在角落里，我们也正在接近“幻想”的最后一道防线。

图 9—7 中的收益率是否具有极小的可能性是风险溢价呢？记住，它们仅覆盖了一年中的 12 天，所有交易日的 1/20。在第 1 年价值股年度规模调整的收益率为 38%，而增长股为－37%。试图将这么大差异的收益率作为风险溢价简直太不可置信了，除了最热心的狂热分子，没有人有兴趣继续讨论下去。

所有的证据都指向图 9—3A 或图 9—3C 以及原因 1 或原因 3。

依据下面任何一条或全部，可以找到反对原因 4 的清楚而不可否认的证据：（a）在盈利公告日或者年末年初收到所谓的“风险溢价”；（b）FF 已证明价值股具有较低的风险；（c）在盈利预测的修正模式中，增长股倾向于向下调整，价值股倾向于向上调整；（d）价值股与增长股对盈利报告的市场反应的本质具有明显的差异，这种差异随着其相对价格的变化而变化。

“幻想”的支持者们对其“风险调整”证据却不那么坚定，在市场环境下，价值股没有超过增长股，它们之间收益率的差异在统计上并不显著（对我而言，我始终不明白为什么这个自圆其说的结果需要被证明）。

无论如何还有一个谜点必须解开。

我们仍然需要理解为什么 DKP 认为价值股的收益会高于增长股。

为说明这一点，请记住他们研究的两个显著特点：

1. 平均收益的中位数与所有的分组呈反向关系；

2. 平均收益中位数的绝对价值对于小公司而言更大。

一项来自 Hong 和 Kubik（HK）的近期研究[①]利用下列证据也许可以帮助 DKP 解开谜点。

你看，DKP 不是唯一发现分析师的收入预测倾向于过度乐观的人。Brown，Foster 和 Noreen（1985）[②]，Dreman 和 Berry（1995）[③]，以及 Chopra（1998）[④] 分别发现分析师的预测偏好过于乐观。而且，Dechow，Hutton 和 Sloan（1998）[⑤]，Lin 和 McNichols（1998）[⑥]，以及 Michaely 和 Womack（1999）[⑦] 发现交易所的分析师与被预测过度乐观的股票之间甚至存在稳定的联系。

看起来分析师对自己工作的关注远远超过对客观准确的关注。HK 发现发布乐观预测的分析师有 90%更容易在他们的公司里升迁。如果这是真实的，我们不能将他们的分析作为对市场的独立的没有偏见的预测。

图 9—7 反映出市场对意外收益的反应。投资者非常清晰地惊喜于

---

① H. Hong and J. Kubik，“Analyzing the Analysts：Career Concerns and Biased Earnings Forecasts，” *Journal of Finance*（February 2003）.

② L. Brown，G. Foster，and E. Noreen，“Security Analyst Multi-year Earnings Forecasts and the Capital Market”（文章发表于 1985 年在萨拉索塔举办的美国会计师协会会计年会上）.

③ D. Dreman and M. Berry，“Analysts' Forecasting Errors and their Implications for Security Analysis，” *Financial Analysts Journal* 51（1995）.

④ V. Chopra，“Why So Much Error in Analysts' Earnings Forecasts?” *Financial Analysts Journal* 54（1998）.

⑤ P. Dechow，A. Hutton，and R. Sloan，“The Relation Between Analysts' Forecasts of Long-Term Earnings Growth and Stock Price Performance Following Equity Offerings”（working paper，University of Michigan，1998）.

⑥ H. Lin and M. McNichols，“Underwriting Relationships，Analysts' Earnings Forecasts，and Investment Recommendations，” *Journal of Financial Studies* 12（1999）.

⑦ R. Michaely and K. Womack，“Conflict of Interest and Credibility of Underwriter Analyst Recommendations，” *Review of Financial Studies* 12（1999）.

价值股的正面意外，而对于增长股的负面意外感到失望。我们如何将此与图 9—5B 统一起来？

图 9—8 告诉我们怎样做。

纵轴表示每股盈利的期望增长。横轴表示账面价值与市场价值比。两者之间的真实联系用平行于横轴的点虚线表示。增长股和价值股在图 9—8 中被假定具有相同的期望增长率。分析师和市场具有无偏见的预期，两者都相信增长股具有较快的增长。他们的预期由图中三条虚线所描述。

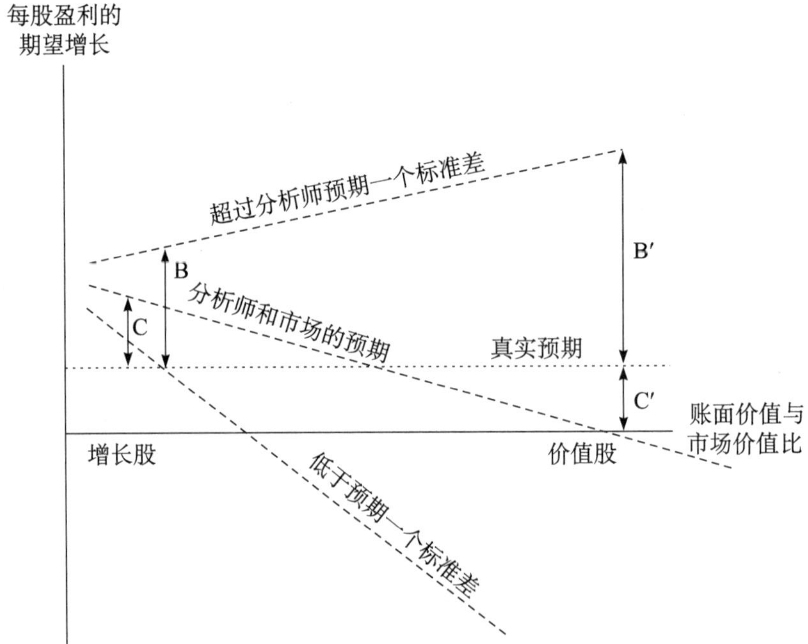


**图 9—8　分析师和市场对收益意外的和解**

我们知道价值股往往是小公司，增长股倾向于是具有分散性的大公司。正因为如此，增长股收益预测的不确定性比价值股更小。在分析师和市场期望之上和之下的虚线表示增长率在期望值上下一个标准差。

假设分析师更关注他们的升迁。他们知道升迁伴随着乐观的市场。据此，假定他们偏好将预测发布在其期望值的一个标准差之内。这样，分析师对增长股和价值股的收益意外将会更加积极，但是价值将比图中的 B 和 B′大得多。因为价值股是小公司，所以价值股的收益意外会更大，就像我们在图 9—5A 中所见。同时，市场收益的意外将使增长股失望（C 点）而价值股惊喜（C′点）。

最后一点得到解答。

## 底部的渔夫和骑术表演者

顺便提一下，还有一个趣闻一样的证据证明原因 1 或原因 3 是正确的。

我认为他们知道投资者偏好高估短期的长度。

他们是养老基金的管理者。

我认为他们知道，因为他们愿意雇佣很多某一特别类型的资金管理人，而从不雇佣相反类型的人。

他们雇佣的这一类型被称为底部的渔夫，是指专门挑选价格便宜股票的那类人。底部的渔夫们寻找那些收入价格比、红利价格比以及账面价值与市场价值比等较高的股票。他们不假装拥有“可占卜未来的水晶球”，他们也不考虑股票的发展前景。他们仅仅是挑选。他们推销他们受过培训的投资理念与方法，依据这种理念和方法挑选买进和卖出的股票。

感情从不起作用。

养老金的发起人愿意雇佣这类底部的渔夫，即便他们知道很多人并没有水晶球。

养老金的发起人却从不雇佣相反类型的人。

这些经理人也没有水晶球，也不考虑股票的发展前景。他们也挑选股票。但是这些“骑术表演者”[①] 类的经理人却按照相反的标准挑选股票。他们寻找那些收入价格比、红利价格比以及账面价值与市场价值比等较低的股票。他们寻找最昂贵的股票，并且买进。

作为一位咨询顾问，如果我建议发起人雇佣这样的经理人，你一定会看到我被嘲笑同时立刻被解雇。

---

① 因为这类管理者在现实中并不存在，我只能以世界上最昂贵的购物区来命名他们。

但是如果觉察到的增长区间确实比真实增长区间短，那么我们将期望经理人带来超过平均水平的经风险调整的收益率。在这种世界里（埃德加·史密斯先生之前），市场将低估增长股的潜力，在真实均值回归给定的条件下，预期的超过平均增长率的时间应短于实际均值回归的时间。在这样的世界里，增长股的价格将被系统地低估，增长股将给那些以协议价购买股票的人带来高收益。

但是如果觉察到的增长区间比真实增长区间长，那么，即便没有水晶球，人们也会期望底部的渔夫产生较高的风险调整收益率。发起人愿意雇佣渔夫而不是骑士是因为他们意识到他们是在一个过度反应的市场里投资。

看起来他们意识到黄金机会的存在，但是他们没有去寻找。

为什么？

相对于长期退休福利的最大化，发起人更关心的是保住自己的工作。

他们为了保住工作而迎合市场。这意味着他们同时雇佣了增长型和价值型的经理人。（据说增长型的经埋人拥有更好的水晶球能够帮助他们克服觉察到和真实增长区间相对位置的差异。）

我们从第六章已经了解到，增长股是大公司，因此，它们控制了市场的平均水平。回避增长股而支持价值股意味着投资于一个与市场不合作的组合。虽然你增加了在长期内超过市场平均水平的机会，但是你也增加了在短期内低于市场平均水平的可能性。

“如果我想获得黄金机会，我将失去工作！”

意识到他们知道这一点非常重要。

因为他们在市场上如此强势，所以，如果他们找到了黄金机会，那它将不属于我们。

如果当前没有足够的财富，那么要想到达钻石尖则需要时间的复利效应。

## 两个强制性问题

最后对黄金机会存在的验证需要回答两个强制性问题：

1. “为什么这些以前并不明显？”

2. “如果市场是无效的，为什么职业经理人作为一个整体一直都比不上市场的表现呢?”

没有引起公众投资者注意的一个理由是，投资业中重要参与者的短期行为。

养老金的发起人非常关注经理人的业绩。在这方面，他们还得到专业咨询业的帮助。咨询业的标准是用三个跟踪期即上一年、过去三年和过去五年来衡量资金管理人的业绩。

超出过去五年的业绩被认为是无关的，因为我们正在讨论的资金管理公司的职员和工作程序毋庸置疑已经发生了变化。

本书提到的研究从本质上而言是研究较长期的问题，也只有从较长期来看，低价股的收益才能表现得如此明显。

但是还有一个更为重要的原因。

考虑到图 9—3A 和图 9—3C 中觉察到的增长区间和真实增长区间之间的相对稳定性，真实的增长区间反映世界的真实情况，随着时间的推移可能不会有太大的变化。由于竞争和低于平均水平的公司重组和重新投资，真实增长区间较短。增长目前相对很难预测，而且在很长时间内可能都是这样。

但是我们不能同样认为觉察到的增长区间也是如此。

我们可能经历这样的时期，偶尔地，市场经历的盈利意外将十分稀少。这种情况可能会强化市场认为能够预测相对增长率的自信。在这些时期之后，股票价格也许会以一种与延长觉察到的增长区间相一致的方式被重新调整。在这一时期，增长股的相对价格会上升（高于平均水平的增长将会被期望在未来继续增长），而价值股的相对价格可能会下降（低于平均水平的增长将会被期望在未来进一步下降）。高价股将暂时超越低价股，像它们曾经的那样。这一时期将有利于强化应投资于增长股这样的理念。

另一方面，如果我们所经历的时期具有许多收益意外，那么市场的自信将被大大削弱，价格被重新调整到与缩短的觉察到的增长区间相一致。这时，以前很便宜的股票的相对价格将会戏剧化地上升（在短期以低于平均水平的比率增长）。

作为结果，黄金机会不会均匀地到来。除了这种季节性的模式外

（见图 2—3A、图 2—3B 和图 7—1），随着觉察到的增长区间被延长或缩短，黄金机会会间歇地出现。如果不是因为觉察到的增长区间具有不稳定性，所有这一切在很长时间以前就是非常明显的，因为在养老金行业不断出现业绩的短期监控。

在长期研究中，黄金机会会明显的出现，因为在长期，觉察到的增长区间的不稳定性并不重要。长期来看两个增长区间之间的平均相对位置更加重要。如果觉察到的增长区间比真实增长区间长，那么价值股投资的累积收益将相对于增长股投资逐渐（但不是稳定地）增长。但是，如果觉察到的增长区间非常不稳定，那么除了那些考虑到长期相对业绩的股票，这种效果是不明显的。

第二个问题如何解答？为什么作为整体的资金管理人的业绩表现不佳？过去，他们的业绩曾经是狂热分子的灵感之源。毕竟，专业的资金管理人能够获得更好的信息。为什么除非他们面对的是一个有效市场，这个市场的股票都被正确的定价，否则他们的表现就不如市场呢？他们的业绩不佳一定是因为他们浪费资金去寻找那些根本不存在的没有正确定价的股票。

狂热分子的解释中存在的问题是资金管理人作为一个整体，业绩经常不如市场是因为他们过多将资金用于分析。狂热分子很难解释，是因为在无效市场上很难找到被高估和被低估的股票。

但是职业资金管理人似乎经常能变戏法。①

为什么他们想这样？

为什么他们希望投资于那些被高估的股票？

除非被高估的股票是看起来表现很好的股票。包括：有成功的良好记录的股票；有好消息的股票；做得好的股票；能够在组合管理人和投资委员会面前成为好例子的股票；投资者满意的股票；市场过度反应的股票；价格迅速上升的股票；还有那些持续创造低收益，且使资金管理人的整体业绩低于平均水平的股票。

为什么他们不希望投资于那些被低估的股票？

---

① J. Lakonishok, A. Shleifer, and R. Vishny, "The Structure and Performance of the Money Management Industry," Brookings Papers: Macroeconomics, 1992.

除非被低估的股票是那些过去记录不好和有坏新闻的股票。包括：投资者不满意的股票；价格迅速下降的股票；还有那些在未来将创造高于市场平均收益的股票。

“将它们从我们的投资组合中剔除，从而就不用解释它们为什么会在投资组合里了。”

资金管理人业绩不好不是由于他们面对的是一个有效市场。

管理人业绩不好是因为他们与客户之间存在代理问题，使得他们成为无效市场的受害者。

## 哎呀呀，欺骗！

甚至在读完本书后你还可能把你的资金委托给投资于高价股的资金管理人。

然而，你愿意这样做，仅仅因为你相信管理人有一个清楚而有力的“水晶球”，仅仅因为你相信他或她能够找到具有真实发展前景的高价股。你也确定这个管理人仔细权衡后认为物有所值。

但是你还需要警惕最关键的内容。

如果机构投资者对高价股失去信心，并且对投资组合积极进行大规模的重组，后果将是非常可怕的。

提前看看在未来 20 年中高价股和低价股的收益率，我们看到它们之间存在巨大的差距。如果机构投资者采取行动缩小差距，那么高价股的投资者将面临灾难。

高价格的增长股一定是价格急剧下滑，而低价格的价值股则是价格急剧上升。

如果你投资于增长股，并且机构投资者采取行动，你将面临财富的大幅缩水。

他们会采取行动吗？

大概不会。

为什么？

受托人是绵羊，被一群羊管理的投资组合看起来十分相似，包括：小部分现金、房产、国外股票和债券、占较大比例的健康国内债券和相当多的国内股票。大多数受托人付出了很大的努力（得到专业咨询业的认可）保证其股票投资是整个市场的代表：增长股、价值股和小公司股票的组合。

为什么？因为受托人的标准是标准普尔 500 指数。它代表了市场 90%的价值。

并且他们不想与市场标准差距过大。

他们可能与羊群分开，同时被跟随他们的狼吃掉。

他们也许在短期内业绩表现不佳。

让我们看看他们害怕的原因，即被称为 ERISA 的法律。在此法律下，如果发现受托人业绩不好并且轻率地进行投资，受托人将面临起诉甚至牢狱之灾。公司的律师和新任命的养老基金官员会坐在一起，向受托人清楚明确地解释 ERISA 法律的危险性。

然后养老基金的官员们很快就知道了受托人的情况：他们可能失败，但是不可能赢得市场。

没有人在意他们是否会业绩超群。事实上，如果他们超出市场太多，他们也许会承受责难，指责他们承受了不恰当的风险。他们太不谨慎投资，而这一次是太幸运了。

另一方面，如果业绩不如市场，只不过受到质疑。这种情况持续三年将意味着结束。

严重的业绩不佳会带来真正的噩梦。

他们怎样才能不被解雇呢？他们怎样才能远离噩梦呢？

看看“其他人”是如何做的。尽可能地组建与经过加权的标准（标准普尔 500 指数）相似的组合。

大量资金不得不移动以使得增长股的价格下降。由于受托人的恐惧，不可能有那么多的资金移动，偏离他们所喜爱的标准。

单个投资者不会遇到这些难题。你上一次担心你个人投资组合中标准普尔 500 指数的跟踪误差是什么时候？

想不起来了，不是吗？

我们能够不受处罚地找到黄金机会。我们确实能够做到。我们中的一些人会用相对业绩埋葬机构投资者。

受托人现在并且将来也恐怕难以到达黄金机会。

黄金机会是为我们准备的。

# 第十章　股票期望收益率的真实决定因素

（与 Nardin Baker[①] 合著）

## 在股票市场上用什么偿付

通过阅读本书，我们知道低价股（价值股）倾向于带来高的期望收益率，也就是说，低价股具有积极的偿付能力。我们同时也知道，风险股（增长股）倾向于带来低的收益率，也就是说，高价股具有消极的偿付能力。这些主张将在本章被证据推翻。无论如何，我们将发现还有一些决定期望收益率的重要因素。比如，我们可以证明那些目前具有较好收益的股票也具有较好的期望收益率。这似乎与我们已知的有关增长股的大量证据对立，但是这一点之所以成立是基于一个重要的前提，即如果给定股票价格，那么购买具有更好收益的股票是明智之举。我们可以证明过去 12 个月表现良好的股票将会在一段时间内继续表现良好。这与我们在第三章所发现的中期惰性相一致。我们将看到最显著的市场行为与偿付方式是多么无法置信的一致。在十年中的偿付和在几十年中的偿付追随着相同的信号和高度的统计显著性。

## 预测偿付

设想你正在寻找美国一个特定月份中股票收益率的典型实例。你希望了解是否低价股在一个月中能够带来高收益。你选择收入价格比作为度量低价与否的标准。然后你画出与月度开始收入价格比相反的每只股票已实现的收益率。图 10—1 表示一个假想案例，每个点代表一只股票。

① Nardin Baker 是 Quantitative Equity Management 公司的首席投资官，该公司是一个基于因素分析的机构投资咨询公司。

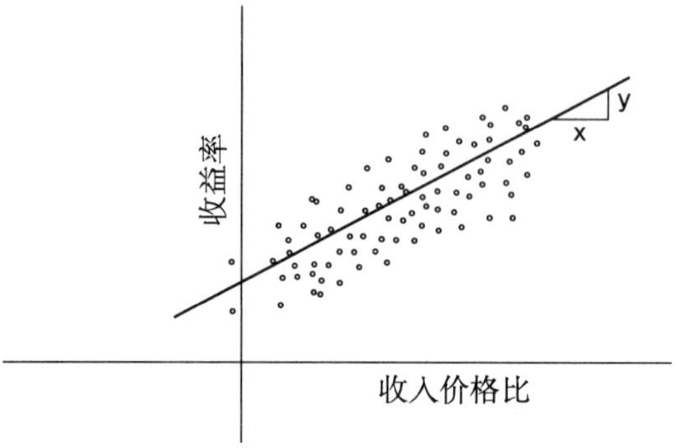


**图 10—1 估测收入价格比的偿付**

为了预测偿付情况，我们画出能够通过最多散点的一条直线。[①] 这条直线的斜率（y/x）就是收入价格比的情况。在这个案例中，它是正向的，低价股倾向于带来高的月度收益。

假定你想同时预测在同一个月里低价股与风险股的回报。当你度量风险时，你选择用过去 60 个月被度量的每只股票的标准差。我们坚持用收入价格比作为衡量低价股的依据。这次我们将所有的点分布在三维空间里，如图 10—2 所示，纵轴代表每只股票的月度收益率，横轴表示收入价格比，波动性用另一轴表示。想象图 10—2 是房间的一角，收益率是角落向上延伸至天花板的墙线，收入价格比和波动性是角落向两面墙延伸的地板。

现在将每一只股票作为一个点放入房间。例如，A 股票被定位在距离地面 10％的收益率，并且具有 6％的收入价格比和 30％的波动性。其他股票都有类似的标注。现在我们画出能最好通过这些数据的线。在收入价格比向上倾斜的平面上直线的（Y/X）斜率是这个月低价股的回报。另一个平面上直线下降的斜率（$Y^*/X^*$）是波动性的回报。在本月，收入价格比的回报是正向的，而波动性的回报是负向的。我们将在现实数据中看到这种真实情况。

如果我们月复一月地重复这种练习，我们可以获得月度回报的历史记录。我们可以用这个历史记录计算下个月的回报。我们的计算可能是

① 最优直线是使得所有点到该直线的垂直距离的平方和最小，并且这条直线是唯一的。

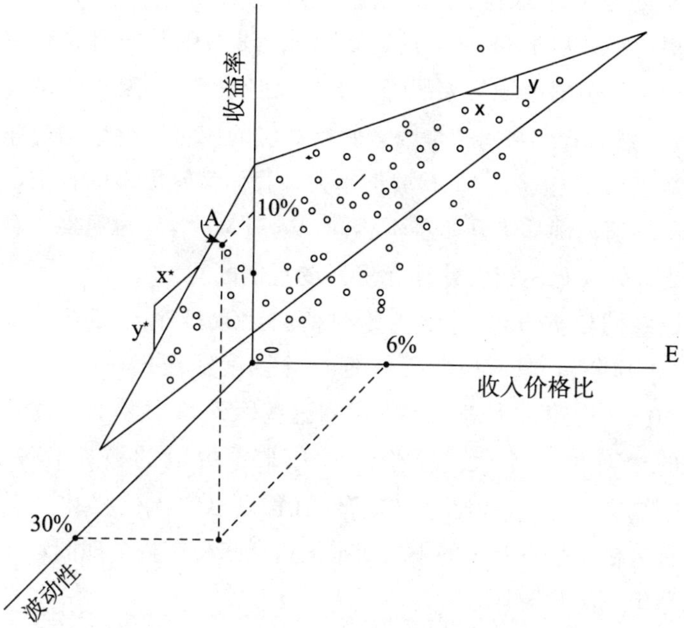


**图 10—2　同时估测收入价格比和波动性的偿付**

12 个月跟踪期的简单平均，并获得每只股票的期望收益率，见表 10—1。

**表 10—1　　计算 A 股票的期望收益率**

| | | |
|---|---|---|
| 计算收入价格比的回报 | × | A 股票月初的收入价格比 |
| ＋计算波动性的回报 | × | 跟踪期 60 个月的波动性 |
| | ＝ | A 股票的总期望收益率 |

这个过程可以将图 10—2 中的每只股票重复计算，以获得每只股票的期望收益率。这种通过计算机计算期望收益率的方法被称为期望收益率的因素法。该模型中包含的因素有收入价格比和波动性。你可以同时通过计算三个或更多因素来预测回报，所采用的统计过程被称为多元回归。你不能像我们用二维的图 10—1 或三维的图 10—2 那样画出更多元的预测过程。

## 惊人的一致性

本章，我们将研究一个包含 70 个因素的期望收益率模型。这些因素可以归类为（a）风险，（b）流动性，（c）收益，（d）便宜程度，（d）历史价格。从1963年1月到2007年12月的每个月，我们运用多元回归测量了美国市场最大的近3 000只股票70个因素的每一个因素的回报。① 然后我们将每一个因素所有月份的回报进行平均，并对每一个平均数进行 $T$ 检验。② $T$ 检验值越大，我们就有更多的自信，即我们算出的平均值的确从零开始各不相同。通过60个月的观察，$T$ 检验值大约为±2.00，显示出统计具有95%的置信区间。

然后我们依据 $T$ 统计量的绝对值对因素排序。在全部的时间内（1963—2007年），具有最高 $T$ 值的12个因素见表10—2。

表10—2中第一列表示整个期间这些因素的 $T$ 检验。注意首先 $T$ 检验值的绝对值非常大。这些因素有非零价值的概率几乎都接近100%。③注意这些因素测量价格的便宜程度（收入价格比、现金价格比、销售价格比）具有正的平均回报。这意味着在整个期间，低价股倾向于创造更高的收益。

**表10—2　　12个显著因素的 $T$ 检验**

| 时期 | 1963—2007 | 1963—1972 | 1973—1982 | 1983—1992 | 1993—2002 | 2003—2007 |
|---|---|---|---|---|---|---|
| $E_{t-1}$ | −22.4 | −13.7 | −15.9 | −12.9 | −7.2 | −2.7 |
| 现金价格比 | 13.9 | 6.4 | 12.7 | 8.6 | 4.3 | 4.1 |
| 收入价格比 | 13.1 | 4.0 | 11.4 | 8.3 | 5.3 | 1.9 |
| 资产收益率 | 12.6 | 6.8 | 7.5 | 7.5 | 4.2 | 3.3 |
| 残差风险 | −11.1 | −3.5 | −6.7 | −8.8 | −4.7 | −1.9 |
| 年度收益率 | 10.8 | 5.0 | 5.7 | 6.9 | 5.1 | 1.1 |
| 股本收益率 | 10.2 | 7.0 | 3.7 | 6.2 | 3.9 | 1.4 |
| 波动率 | −9.0 | −2.3 | −5.6 | −7.1 | −4.5 | −2.0 |
| 账面价值与市场价值比 | 8.9 | 2.0 | 6.2 | 6.7 | 3.2 | 3.1 |
| 边际利润率 | 7.8 | 1.0 | 4.3 | 6.0 | 5.7 | 1.5 |

① 1963年，样本包含650只股票，并且这一数字平稳地增长，到1973年样本已包含3 000只股票。并且，自1973年起，样本由规模最大的3 000只股票组成。

② $T$ 统计量等于收益的均值除以标准差和 $N$ 的平方根的乘积，其中标准差是每月收益的标准差，$N$ 是用于计算均值的样本数量。

③ 对于所有的十年期而言，这是事实。然而，正如第九章所讨论的，也存在价格高的股票表现更优的短暂时期。

续前表

| 时期 | 1963—2007 | 1963—1972 | 1973—1982 | 1983—1992 | 1993—2002 | 2003—2007 |
|---|---|---|---|---|---|---|
| 季度收益率 | −7.2 | −5.1 | −6.9 | −2.8 | −0.9 | −1.5 |
| 销售价格比 | 7.0 | 1.4 | 3.9 | 5.3 | 3.5 | 2.8 |

注：从 1963 年 1 月到 2007 年 12 月的每一个月，通过最小二乘法对每一只股票已实现的收益率进行 70 个因素的回归检验。计算出回归的协方差和 $T$ 值。整个期间 $T$ 检验显著的 12 个因素被列在第一列，$T$ 值列在第二列。12 个因素的计算依据如下：

$E_{t-1}$ 即上月无法被市场解释的剩余股票收益率；

现金价格比即年度每股现金流与当期价格比；

收入价格比即年度每股收益与当期价格比；

资产收益率即年度收益与资产比；

残差风险即剩余股票收益无法被市场收益解释的 24 个月跟踪期方差；

年度收益率即过去一年的股票收益率；

股本收益率即年度每股收益与当期账面股本比；

波动率即整体股票收益率的 24 个月的跟踪变化率；

账面价值与市场价值比即当期的账面价值与市场价值之比；

边际利润率即未扣除利息的利润与销售收入比；

季度收益率即过去三个月的股票收益率；

销售价格比即年度每股售价与当期价格比。

现在注意所有收益的测量指标包括资产收益率、股本收益率和边际利润率的 $T$ 检验值都是正的。这意味着具有相对盈利的股票倾向于带来更高的收益。为什么？因为在无效市场上的定价是不严密的，比如不同价格可能具有不同的收益或者相同的价格可能具有不同的当期收益水平。这意味着付出给定的价格，你最好买进具有相对好收益的股票。

正如所期望的，那些代表风险的因素（风险残差和收益方差）具有负的 $T$ 检验值，具有更高风险的股票倾向于带来较低的收益率。意外地，市场 $\beta$ 值在显著因素列表中也都下降了。

一年跟踪期的 $T$ 值是正的①，说明中期的推进势力。② 我们也看见短期的反转（1 个月和 3 个月），显示出市场对过度反应和个别事件的修正。

① $T$ 值在最后四年骤减，这部分是因为在计算 $T$ 值时的观测样本数量较小，然而，也有可能是因为在股票市场上具有影响力的分析师数量众多。他们正设法将这个因素定价分离。

② 有人认为这一模型可能会存在多重共线性，并指出因素之间的相关性，例如股本收益率和资产收益率，将使得收益估计不稳定。但是，他们如何解释非常高的 $T$ 值呢？收益的不稳定将使均值的标准差变大，$T$ 值变小。

## 运用机制预测未来

期望收益的因素模型具有可以解释已实现收益率典型差异的惊人能力。因此有人会认为期望收益率模型也许能够对普通股的期望收益率进行预测。

让我们看看。

在 1963 年年初，运用当时可得的所有信息，我们将进行一个类似表 10—1 的计算过程（但是用 70 个因素替代 2 个）。也就是说，我们将计算 1963 年第 1 个月每一只股票的期望收益率。然后，我们依据它们的期望收益率进行排序并分组。第 10 组股票具有最高的期望收益率，第 1 组股票具有最低的期望收益率。在 1963 年 1 月，我们将观察 10 组股票的真实收益。然后，从 4 月开始，我们重新计算收益率，重新分组，并观察真实收益率的情况。[①] 在 1963 年年底，我们用 12 个真实收益率形成全年总的收益率。

在图 10—3 中，我们将组的排序与 1963 年每组带来的真实收益率的连线标注出来。如你所见，组的排序越高，收益也倾向于越高。具有正斜率的直线最适合点的分布。直线从底部到顶部之差是 9.18%。

这样的过程从 1963 年到 2007 年不断重复，所有直线的最高点与最低点之差见表 10—3。

很明显，70 因素模型依据它预测的精确性是绝对一致的。它似乎强调这些组的结果，尤其是第 10 组和第 1 组。因此，扣除交易成本之后收益会降低很多。事实上，Hanna 和 Ready（HR）[②] 已经研究出如果将交易成本考虑在内，那么第 10 组和第 1 组之间的差异几乎消失。但是，尝试持有第 10 组投资组合具有很高的非理性。数十亿美元的投资都是基于 70 因素模型。投资者利用从模型中计算出的期望收益率以及哈里的“工具”来构建组合，以获得低风险高收益。如果你登

---

① 在每个收益率上加 1 然后相乘，得到的乘积减去 1 并乘以 100，就得到收益率的百分数。

② J. D. Hanna and M. J. Ready, “Profitable Predictability in the Cross-Section of Stock Returns,” *Journal of Financial Economics* (2005), pp. 463-505.

录 www. QuantitativeInvestment. com 进入到“我们的业绩”一栏，你将会看到具有 50%收益率的投资回报结果。同时，可以形成一个年收益率接近 100%的组合。给定股票数量（最大为 1 000），交易一次的成本约低于 1%。从每年收益率中减去这个数量是如此简单，并得到收益率净差。①

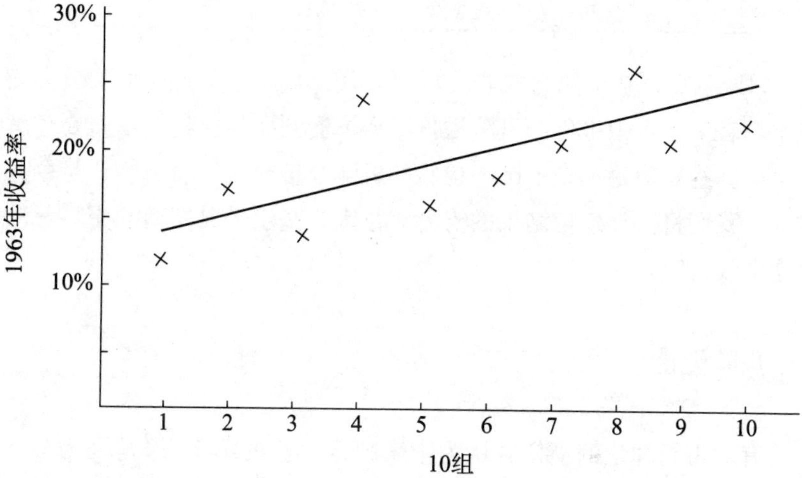


**图 10—3　分组排序与已实现的收益率在 1963 年的比较**

**表 10—3　　每年分组中最高值与最低值之差**

| | | | | | |
|---|---|---|---|---|---|
| 1963 | 9.18% | 1972 | 29.70% | 1981 | 33.66% |
| 1964 | 12.24% | 1973 | 44.37% | 1982 | 48.60% |
| 1965 | 29.97% | 1974 | 30.69% | 1983 | 39.06% |
| 1966 | 9.45% | 1975 | 30.87% | 1984 | 49.68% |
| 1967 | 49.14% | 1976 | 32.40% | 1985 | 36.59% |
| 1968 | 13.77% | 1977 | 24.39% | 1986 | 46.35% |
| 1969 | 32.40% | 1978 | 7.83% | 1987 | 26.73% |
| 1970 | 43.29% | 1979 | 22.41% | 1988 | 18.54% |
| 1971 | 14.67% | 1980 | 27.45% | 1989 | 32.22% |

① 你可以查看 70 因素模型和竞争模型业绩的审计报告。我们和我们的竞争者会在每月月初将“增持”、“保持”、“减持”的预测发送给审计人员。审计人员跟踪这些结果，并将结果发布在 www. investars. com 上。要查看关于模型拟合效果的数据，可以输入“投资者”并选择“比较分析师业绩”一项。然后将公司按照业绩排序，我们高兴地看到，直到撰写本书第四版之时，70 因素模型在过去两年中排名第一位。

续前表

| | | | | | |
|---|---|---|---|---|---|
| 1990 | 33.39% | 1997 | 46.44% | 2004 | 21.06% |
| 1991 | 27.72% | 1998 | 23.76% | 2005 | 12.78% |
| 1992 | 10.62% | 1999 | 31.86% | 2006 | 7.47% |
| 1993 | 14.04% | 2000 | 44.64% | 2007 | 29.07% |
| 1994 | 16.83% | 2001 | 57.42% | | |
| 1995 | 14.22% | 2002 | 60.21% | | |
| 1996 | 10.44% | 2003 | −5.49% | | |

HR 争辩，基于他们的研究成果，用 70 因素模型的业绩减去交易成本，表 10—2 中报告的风险溢价不得不受到质疑。我们不需要理解这个争辩。经典理论模型中已经检验的风险溢价相对于表 10—2 是令人遗憾的。我们将抛弃理论结果的支持只是因为基于经典模型的交易无法带来超常收益吗?

## 风险溢价?

有效市场理论的支持者认为带来超常收益的第 10 组是因为其承受了巨大的风险。

但是，Haugen 和 Baker① 的研究显示从第 1 组到第 10 组的股票都具有渐进一致性的特点，并非只有第 10 组才承受那么大的风险。

具有低收益率的第 1 组：(a) 收益率更具波动性；(b) 市场 $\beta$ 指数更高；(C) 公司规模更小；(d) 是无利润的，并存在金融抵制；(e) 其收益具有不断下降的趋势。另一方面，第 10 组股票具有较低的波动性、较小的市场 $\beta$ 系数，是较大的公司，具有较好的流动性，就收益率而言，它们较高而且逐渐上升。

一旦我们认识到这一点，从风险的全面视角而言，那些风险型股票会带来更低的收益。

① R. Haugen and N. Baker, "Commonality in the Determinants of Expected Stock Returns," *Journal of Financial Economics* (1996), pp. 407-439. 作为本章的拓展，读者可以参考 R. Haugen and N. Baker, "Case Closed" (Handbook of Portfolio Construction; Contemporary Applications of Markowitz Techniques, 2009; 可从 http://ssrn.com/abstract=1306523 下载)。

# 第十一章　危险的会谈

## 传统的价值观

2008年6月，我参观了捷克共和国首都布拉格的共产主义博物馆，在入口处的公告牌上写着：

> 捷克斯洛伐克工业到达顶点的经济成果出现在1929年春天。当年秋天纽约证券交易所发生崩盘并引发了全球经济危机。这次危机在1931年对捷克的经济产生了决定性影响，出口下降到谷底，失业率也直线上升。到1933年，100万市民受到直接的影响。政府没有能避免饥饿与贫穷的上升。边境地区的消费产业因丢失了巨大的市场份额而变得非常困难。大多数德国人感受到这些痛苦而开始追随阿道夫·希特勒。捷克的经济危机持续了很长时间，在20世纪30年代后半期才逐渐恢复。军事冲突的好处在于加强了国防工业。希特勒没有隐藏其消灭捷克斯洛伐克并形成第三帝国的野心。

让我们回顾一下公告牌上的传统价值观：纽约证券交易所崩盘，导致经济大危机并传染到欧洲，带来了经济状况的恶化，纳粹利用机会壮大了自己的力量。

现代金融学的支持者利用不同的方法解释这些事件。他们认为证券交易市场的崩盘在某种程度而言没有引发经济大危机。相反，他们争辩在1929年年底，证券市场上有能力的投资者预期大萧条即将开始。他们认为市场的崩盘是正确预言的反映。他们认为证券市场没有扮演大萧条因果关系的角色。在本章，我们将提供证据并讨论如何支持传统的价值观。我们将讨论：

a. 证券市场在自己的记录中任何时候都可能崩盘。

b. 典型地，证券市场的崩盘与证券波动性的爆发相关。风险厌恶者戏剧性地按当前的价格贴现，因为他们希望在市场动荡的时期获得高额回报。

c. 高波动性应该坚持：

（1）它增加了市场中机构投资者与个人投资者的不确定性，引发他们对投资和消费决定的延迟。

（2）它戏剧性地增加了股权融资的成本，至少在较高的波动性被期望持续的期间。

（3）当个人经历了因为财富效应而减少其证券投资的价值时，他们可能会拉动消费。

d. 当证券市场的动荡危及个人投资者和机构投资者时，消费会下降，投资会重回证券市场，导致经济危机和不稳定。

这些讨论中最具争议的是 a 和 b。证券波动性如何能拓展它的记录而导致证券价格的崩溃呢?

## 金融竞技场

我确定你已经通过报纸和网络知道标准普尔 500 指数改变的百分比。给定标准普尔 500 指数变化的百分比，你能否测算它的波动性呢?技术性地说，波动性可以被定义为在跟踪期内一系列收益或变化百分比的标准差。其一系列的方差是其标准差的平方。

在《华尔街野兽》一书[①]中，我将证券的波动性分成三部分。

事件推动的波动性。这类波动性源自对真实经济事件反应的公正和无偏的价格变化。在有效市场上，这就是故事的全部。但是，本书提供的证据已经揭示了证券价格倾向于对某些信息的反应不足或反应过度。

错误推动的波动性。错误推动的波动性源于市场对反应不足或反应过度的修正。我们在之前的章节中已经提到，市场对成功的信息反应过度，当发现成功发生变化时就会修正。而过度反应和修正的行为都会增

① R. Haugen，*Beast on Wall Street*：*How Stock Volatility Devours Our Wealth*（Upper Saddle River，NJ：Prentice Hall，1999）.

加波动性。

经过一段时期，错误推动的波动可能是负面的。市场对开始一系列正面或负面的收益报告反应不足，一直延误到下一报告的出台。

价格推动的波动性是最后的组成部分。在给定的条件下，它是最不稳定和影响最大的部分。它源于证券市场的潜在风险带来的价格预测的变化。风险预测变化源于市场之前和当前交易者的反应，结果导致某种或某类价格的变化。

在《股票市场的无效性》[①] 一书中，我提供并分析了有关这三个部分的清晰界定。

你在金融业内观看一场高空行走的表演。有许多表演者站在钢丝上，每人都有一个均衡点。让他们代表证券市场上的股票，其均衡点的移动代表交易引起的证券价格的变化。钢丝经常是晃动的。这些晃动代表市场上真实事件带来的信息变化。

表演者必须随着晃动不断调整自己的平衡点。

假设这些调整是人们最可能的最好和最有效的调整，那么这些活动一定和完全有效市场相关，并且被认为是事件推动的波动性。

事实证明表演者不是最好的，他们在平衡点的选择上常常犯错，对某些钢丝晃动反应过度，而对另一些钢丝晃动则反应不足。这些过度和不足的反应以及之后的修正将导致错误推动的波动性。

因为担心掉落，表演者开始注意对方，一个人调整自身的平衡点意味着另一个人的变化，从而另一个人同样也关注前一个人。表演者之间复杂的相互反应制造了一种不稳定的同时控制所有平衡点变化的机制。这应属于价格推动的波动性。

现在让我们从表演者转移到真实市场。

在严格的有效市场上，价格的涨跌与完全信息的变化同步，并对所有市场参与者来说是平等的。在这个奇怪的世界里，信息的传播速度是匀速的[②]，所有市场参与者是同时获得的信息。每一个人都能同时准确

---

① R. Haugen, *The Inefficient Stock Market: What Pays Off and Why*, 2nd ed. (Upper Saddle River, NJ: Prentice Hall, 2001).

② 或者至少有足够数量的投资者会导致对市场信息及时且无偏的反应。

地获得信息。不管你位于信息流的前端还是末尾，都能同时无差别地获得信息。

在严格的有效市场中，证券价格的变化与真实信息的变化是同步的，这里，证券价格的变化就是事件变化的反应。

但是，一般而言，在真实市场里，信息以有限的变化速度从一个投资者传递到另一个投资者需要经过较长的时间。它是依据不同投资者所在的位置顺次接收到的。那些位于末端的投资者倾向查询信息流前端已获得信息者的蛛丝马迹。

在这样的环境里，机构投资者、经纪人执行着委托人的交易原则。

在这一背景下，市场上与某一股票的真实事件相关的信息将会引发股票价格的变化，同时也成为下游投资者的信号。我们称接受真实信息的交易为高序交易，高序交易引发的价格变化可能带来系列交易，特别是股票自身以及股票交易的先行交易者。我们把这些交易称为低序交易。

如果你认为这些价格信号是理性的、有序的和正常的，低序交易可能会加快它们的速度。但是，在本书里，价格对真实事件的反应常常是无理性的。如果这样，市场参与者将不会产生有序的反应，也不会对市场价格的变化作出无差异的调整。如果这些反应不是公正的，那么低序交易的价格将会为更加的无序提供支持，注意一个位于信息流末端的投资者可能是更下游投资者的前端。因此，当前面高序交易或低序交易的反应混杂在一起时，更低序交易对真实信息的反应将可能是前面交易的混合反应。

密集、次第的低序交易可能会关注某些事情。这些关注是被证实的，因为源于低序交易的价格波动的风险与真实事件可能形成的风险一样真实。

例如，如果你登录雅虎金融，发现你的投资活动就像扔石子，在买、卖或持有中做出选择。你是否真的会对已翻转的事件做出反应或至少部分地因为价值的变化而作出反应呢？认为投资者只对与真实信息集的变化无关的价格随意变化反应这一观点是不现实的。

当然，源于对真实经济事件和相关价格变化的高序交易和低序交易并不是故事的全部。加之其他复杂性，我们往往进行一些并非应有反应的交易。这些“管理性”的交易与组合重新平衡、红利再投资、投资经理的聘用与解雇、资产配置的变化、投资者增加或减少自己的资产组合以及常规的从公司买入股票以避免利息税等相关。

在高序、低序和管理性交易中，除了那些与交易相关的，大体有三个方面：（a）交易的股份数量的变化；（b）交易的开始是买入还是卖出？（c）一些显著和巨大的价格变化是由于交易引起的。这些被引发的价格变化不能被准确的把握，因为它们取决于市场执行的节奏。

无论如何，除非执行方面存在很大问题，否则，交易的类型和交易者的身份除了经纪人或经纪公司没有任何人可以清楚地知道。

与管理性和低序交易相关的波动性驱动的价格变化成为围绕市场的迷雾，掩盖了对经济真实事件的反应，但从某种角度而言，迷雾中的观察模式也成为游戏的名称。有些人甚至花费时间描绘价格变化的形状以更好地解释和预期所有类型交易的价格反应方式。[①]

这种交互影响的机制的结果是反作用和交互作用的复杂性以及价格推动的波动性的不稳定的暴风。

## 波动性和股票价格水平

结果证明，股票市场的投资者是高度的风险厌恶者。这种风险厌恶不会在股票收益的报表上证实，因为它们会对过去成功的业绩反应过度而对潜在的公司风险不够关注。增长股（具有较高波动性）倾向于估价过高，价值股（具有较低波动性）倾向于估价过低。因此，当我们在分析风险和收益的相互关系时，较高波动性的股票反而具有较低的实际收益。看起来好像投资者更偏好风险。

尽管风险厌恶在横截面中无法体现，但我们可以清楚地在整体市场波动性和总体市场价格水平的时间序列的联系中看到它。

标准普尔 500 指数期权的存在能够让我们计算整个期权合约期内

① 所以，与分析师的集体行动相关的价格冲击是价格波动的原因之一。然而，正如我们将在下一章所讨论的，价格波动还有一个主要的来源。

的市场波动性。在期权价值的决定中最重要的因素是期权标的资产的价值波动性。给定期权的价格和标的资产的价值，我们能够得到市场的波动性。我们把这种波动性的预测称为市场的内在波动性（灰线）。

图 11—1 显示了 1990 年 1 月—2008 年 5 月标准普尔 500 指数水平和市场内在波动性的时间序列。注意波动性非常不稳定（黑线）。

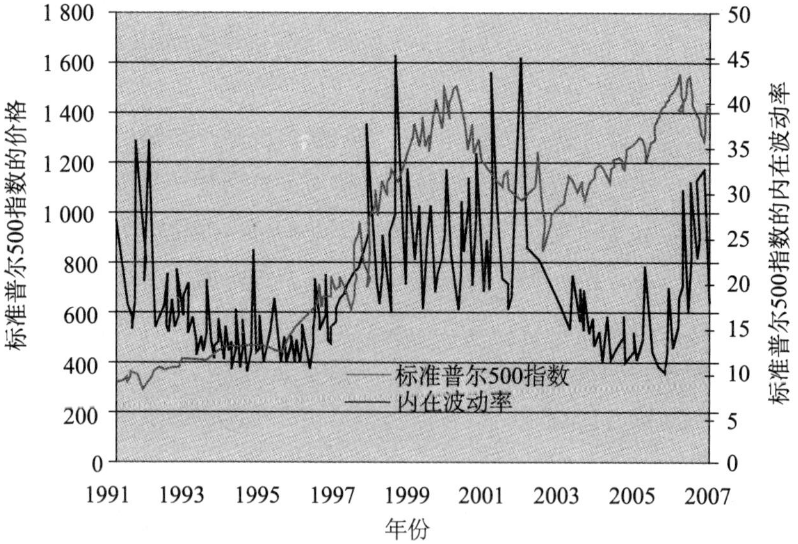


**图 11—1　标准普尔 500 指数的价格及其内在波动率**

图 11—2A 至图 11—2C 显示出市场对其波动性的变化表现出负面的反应。图中内在波动性变化的百分比与标准普尔 500 指数价值变化的百分比相反。在全部时期内（图 11—2A），斜率是 0.47。这意味着指数日收益的变化有一半可以由内在波动性的变化来解释。在图 11—2 中，我们可以清楚地看到市场高水平的风险厌恶。当内在波动性上升时，股票的持有者会因为要求其对更高波动性进行补偿而要求更高的收益率。给定期望未来收益率，提供更高收益的唯一方法是降低价格。因此，期望波动性的增加（在标准普尔 500 指数期权合约期内）往往伴随着指数回报的降低。

在图 11—2B 和图 11—2C 中，我们将期间分为前半段和后半段。后半段的斜率是 0.37，前半段是 0.57。我认为市场波动性变化是日收益的最重要的决定因素。[①] 观察这些图，回忆在假设市场担心总收益的变化但对风险价格的变化无差别的条件下，有效市场的支持者能够解释较低波动性的价值股具有较高的收益，而较高波动性的增长股具有较低的收益，这一点是令人兴奋的。那么，这些作者如何解释我们在图11—2A到图11—2C中所清楚地看到的情况呢?

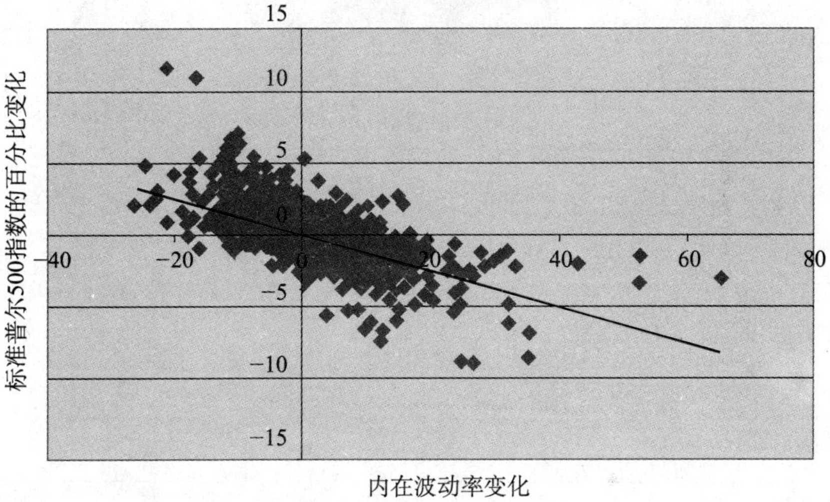


**图11—2A　标准普尔500指数收益率和内在波动率变化之间的关系（1990年1月3日—2009年2月23日）**

我们将很困难地宣布，时间序列内在波动性的固有不稳定性能够解释潜在经济景气的固有不稳定。注意，如表11—1所示，在7个时间点上，证券市场波动性的变化在单独一天内可能超过30%。

注意这些天在美国的历史上是具有特殊意义的。而且每一天都是彭博财经的头条，本章附录提供了这方面的信息。当第一个波动性的增加与对通货膨胀的某些关注相关时，仔细分析这些新闻，可以意识到它们与证券市场整体风险的主要变化是多么一致，而与真实世界的事件是多么不相关。

① 在这一指数中，具有同样结论的一个相似分析是在月度百分比变化的基础上由Culter，Poterba和Summers得出。见D. Culter，J. Poterba，and L. Summers，*Journal of Portfolio Management*（1989）。

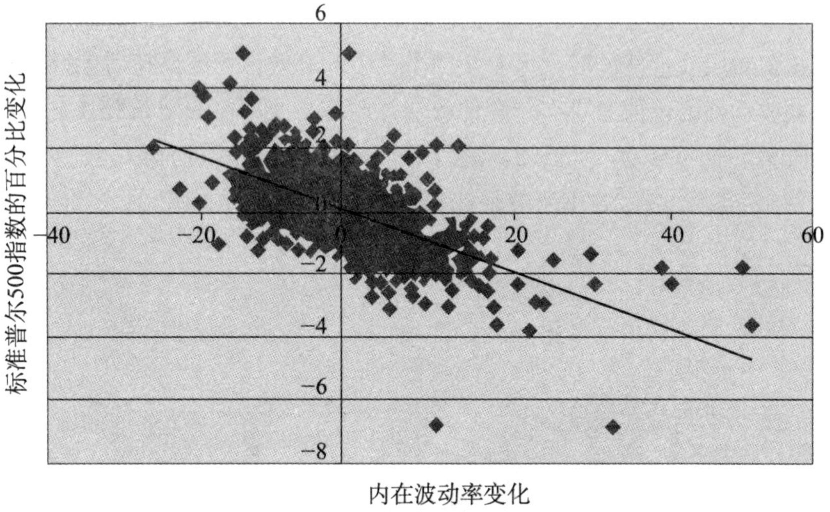


**图 11—2B 标准普尔 500 指数收益率和内在波动率变化之间的关系（1990 年 1 月 3 日—1999 年 7 月 19 日）**

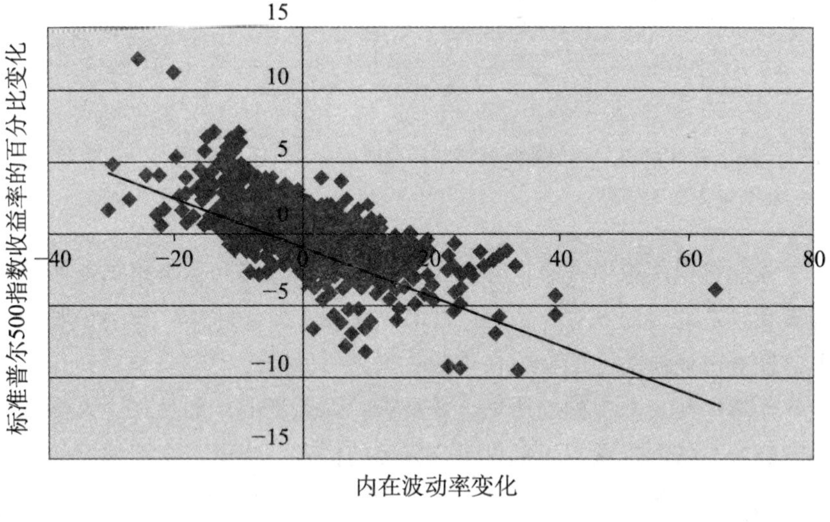


**图 11—2C 标准普尔 500 指数收益率与内在波动率变化之间的关系（1999 年 7 月 20 日—2009 年 2 月 23 日）**

注意 2001 年“9·11”事件后的第一个交易日并不在此列。事实上，关于恐怖的喧嚣的战争中没有一天包括在内，尽管美国经济是恐怖分子的首要目标。

表 11—1　市场内在波动性的巨大日变化

| 日期 | 波动性的变化百分比 |
|---|---|
| 1995年1月3日 | 30.91% |
| 1995年1月27日 | −30.51% |
| 1995年8月25日 | 34.17% |
| 1995年10月2日 | 42.70% |
| 1996年6月3日 | 31.63% |
| 1998年11月30日 | 37.32% |
| 2000年11月20日 | 38.54% |

一个真正的狂热分子会宣称波动性每一天的变化都完全地来自于与经济贸易条件相关的潜在风险决定的市场每一天的业绩变化。

而我的观点则是内在波动性系列是非常不稳定的，并且是与真实事件不相关的，从而无法支持狂热分子的观点。

看起来更有可能的是内在波动性和证券指数水平之间相互独立，内在波动性随着过去价格指数的变化而变化，与之对应，市场指数随着风险厌恶者对标的资产波动性估计的变化而变化。我认为这是价格推动的波动性的首要原因。波动性的其他原因与技术分析的价格模式、图表以及道琼斯指数是否超出 10 000 点相关。无论如何，将价格水平的调整与市场每一天的变化及其波动性业绩变化的比较都是苍白的。

## 波动性中价格推动的比例是多少

基于前述一系列证据，全部证券波动性的小部分通常会较高。而这小部分源自对真实事件的合理或行为反应则可能性较小。

在这样的环境中，一些观点①认为证券价格的波动性与周围经济景气状况的波动性过度相关。尽管很少人认识到这种对波动性的极端解释是基于股权资本的成本和长期的经济增长。②

市场能自我纠正吗？在何种情况下（是平静的金属丝还是晃动的金

① R. Shiller, "Do Stock Prices Move Too Much To Be Justified by Subsequent Changes in Dividends?" *American Economic Review* (1982).

② Haugen, *Beast on Wall Street*, p. 134.

属丝）表演者最终能互相平衡并停止关注对方？

当这是一个有趣的学术问题的时候，证据显示在此后近200年纽约证券交易所进行的交易都表明“表演者”没有能够学会控制绳子。

French和Roll①验证了在1968年将近一半的周三（交易的假期，即纽约证券交易所停业以处理文档工作）证券价格的方差（波动性的平方）。他们也验证了在市场停业的选举期内的方差。

你可能会问：“FR如何能够在市场停业时计算收益的方差呢?”

统计学家将要告诉你，如果可能收益的分布是每天都是连续的，那么有两天间隔的收益方差的衡量将是间隔一天收益方差的两倍。那么，对于那些交易假期，他们计算的是从周二关闭到周四交易的收益方差。在有效市场上，证券价值会因为交易假期中的新信息而变化，即使它们未被交易。在交易假期中欠缺的是价格信息。如果假期中可能的收益分布与一周内的其他天一样，那么从周二到周四方差的测算将是一天方差的两倍。然而，它不是。它仅为一天方差的114%。FR在选举期进行了相似的计算。平均来看，通过观察数千只股票，方差仅高16%。他们也对选举期和交易假期中的周方差进行了测算。对于选举期，方差仅为正常周的84%。对于交易假期来说，只为82%。有五分之一的价格信息在市场只交易四天的那些周中消失了。②

这些证据有力地支持一个事实，当市场关闭时方差变化比其他交易日小。在这些选举期和交易假期中，有关真实经济事件的信息流动与其他时间一样。在这些天中，没有表现出的信息仅仅是价格信息。在有效市场上，这些报价与公司股份的价值评估无关。

无论如何，报价是与技术分析相关信息的唯一来源。因此，当市场停业时市场也停止了对价格的影响。但是，正如前面所讨论的，这里有

---

① K. French and R. Roll, “Stock Return Variances: The Arrival of Information and the Reaction of Traders,” *Journal of Financial Economics* (1986).

② 有些人感到疑惑，由于市场是封闭的，具有影响力的交易商，例如沃伦·巴菲特（如果他采取突然撤出头寸的做法，其交易意味着关乎实际经济事件的信息）是无力用他们的交易发出信号的。从这个意义上讲，当市场是封闭的时，这些来自已被告知的投资者的真实信息将意味着停止交易。但是，尽管巴菲特们被禁止在交易假期和选举日进行交易，我们可以预期他们将在这样的日子之后交易。因此，隐含在他们交易之中的信息将在周四或者选举日之后披露。因此，这将在两天收益方差或一周收益方差中得到反映。但是，那并非事实。

更具影响力的解释来说明为什么当市场停业时方差会迅速消失。

报价可能会提供市场对波动性估算的关键线索。我们从图 11—2A 至图 11—2C 中得知这种对波动性的估算对每天的证券收益具有深远的影响。证券报价的停止会导致市场对其风险估算的停滞。因为估算的变化能够解释证券日收益率波动性的一半（图 11—2A），如果你停止了证券交易，你就停止了证券价格波动性中的较大份额。

## 证券波动性和证券市场的崩溃

图 11—3 显示了 1987 年股市崩溃的标准普尔 500 指数期权合约内在波动性的时间序列。[①] 注意 10 月 19 日市场崩溃时（价格推动）波动性的揭露。狂热分子不喜欢这个图形。

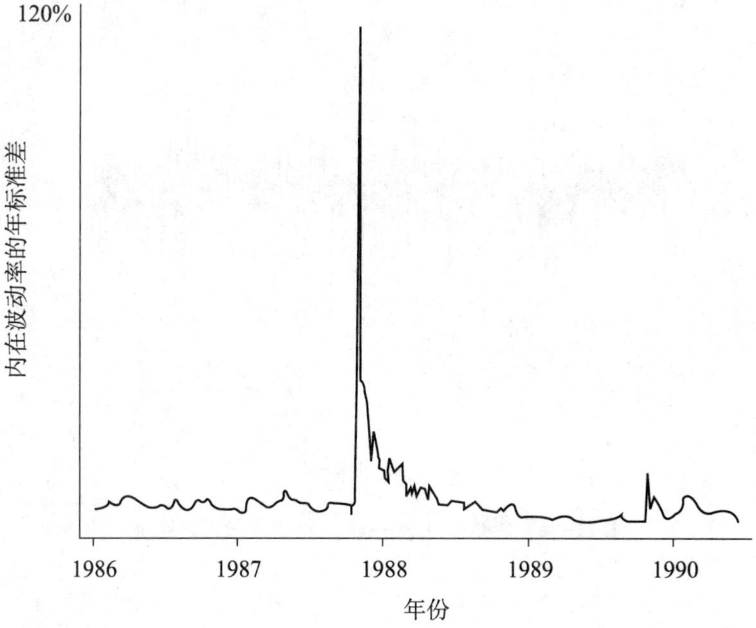


**图 11—3　1987 年股市大崩溃附近的内在波动率**

① 图 11—3 的内在波动率是使用平价期权，即按照二项式定价模型和合同有效期内估计的分红收益流计算的。

尽管它具有令人怀疑的戏剧性本质，关于此次危机波动性的轨迹很少被金融经济文献所讨论。为什么市场对自己波动性的估算在10月19日被揭露？正如表11—1中没有明显的理由可以解释波动性的巨大增加，这里也没有真实的经济事件可以解释图11—3。

如FR的研究结果所示[①]，证券波动性是价格推动的，但是，如果不观察和分析市场自身的行为，市场又怎么能够知道其波动性的成分呢？

图11—4描绘出了1987年10月6日星期二标准普尔500指数日收益率的时间序列。在经历一系列点之后，市场可能会开始相信在时间序列的末端，它的日收益率的概率分布看起来类似于钟形曲线。[②] 在表11—2中，我们说明了日收益率的序列会影响到10月19日发生的波动性的重新估算。

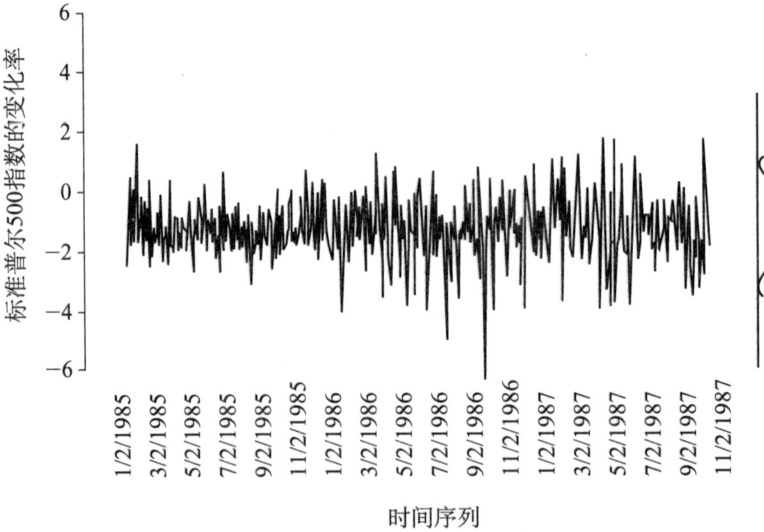


**图11—4　1985年1月—1987年9月股市波动率**

10月6日，星期二，市场以2.7%的速度下降。我们看图11—4概率分布的左尾。但是对于市场来说，这似乎太不寻常，以至于市场必须

---

① 必须指出，这对于FR并非显而易见，二人都是有效市场的拥护者。

② 在序列终端的概率分布须在序列的最后一日交由市场评估。然而，你需要假设概率分布随着价格每天每时都在变化。

重新评价一下它对潜在概率的分布本质。但是，收益序列来自 14 日、15 日和 16 日以至于没有注意到图 11—4 无法实现的概率分布。因此，市场重新评价以及迅速增加标的波动性的估测。给定图 11—2A 中的关系，市场需要迅速降低的价格水平和提供更高的未来预期回报以弥补极端。

因此市场在星期一上午开市交易下降了 20%。

将表 11—2 的底部加上这个数字看起来似乎需要一个重新评价的波动性，这将要求进一步向下的价格调整。在一天结束时，市场对自己波动性的评估已经上升到了 120%，如图 11—3 所示，所有的增长源自市场内部，与真实事件没有任何关系。

**表 11—2　　1987 年 10 月 19 日之前标准普尔 500 指数的收益率**

| | | |
|---|---|---|
| 星期二 | 10 月 6 日 | −2.70% |
| 星期三 | 10 月 7 日 | −0.22% |
| 星期四 | 10 月 8 日 | −1.37% |
| 星期五 | 10 月 9 日 | −0.99% |
| 星期一 | 10 月 12 日 | −0.54% |
| 星期二 | 10 月 13 日 | 1.66% |
| 星期三 | 10 月 14 日 | −2.95% |
| 星期四 | 10 月 15 日 | −2.34% |
| 星期五 | 10 月 16 日 | −5.16% |

## 证券市场如何解释经济

对于经济如何解释证券市场这一点很好理解。“失业率上升 0.2%，工业产值下降 5%，等等。”但是，证券市场如何解释经济却不好理解。

如果市场是完全有效的，它将一直保持安静。证券价格水平会反映出它所能预测到的某种程度的现在与未来的经济状况。证券波动性将会一直反映出与实际经济状况相关的不确定性水平。与定价相关的信息将会完全与真实经济事件相关。证券市场会一直反映这些事件，也只能反映这些事件。除了这些事件，没有任何多余的信息会来自信息充分的有效证券市场。

但是，一个非有效性的证券市场能够自己产生信息。正如我们在

1987年的危机中所看到的，证券波动性的暴露源自证券市场内部而不是源自外部事件。波动性的增加能够降低证券价格的水平，如图11—2A、图11—2B和图11—2C所示。

证券市场波动性的内生性增加说明它本身存在问题。这种波动性的增加会给一部分消费者和公司投资者带来不确定性。作为消费者，你正计划买辆车。但是你将要购买哪种类型的车，是经济型还是奢侈型？源自市场波动性增加的不确定性将会增加：(a) 失败的概率；(b) 机会成本的价值，直到尘埃落定。对于公司投资者如汽车制造商，情况是相同的，你扩大生产是用于制造奢侈型汽车还是经济型汽车？还是应该两者全部生产？而且，增加的不确定性增加了等待的期权价值。

源自增加的证券波动性的不确定性会导致公司投资者和消费者支出的减少。

与高的证券波动性相关的证券价格水平的降低具有破坏效应。低的价格水平会增加出售证券和保持收入的成本。这是因为高的证券波动性增加了证券持有者高回报的需求。假定预期收益的风险溢价与方差成正比。[①] 证券波动性增加40%导致方差增加16%，这将使图11—2A中的风险厌恶者急剧地增加其股权资本成本。另外，消费者财富效应将会使他们认为随着投资组合收益的降低而更加贫穷。证券价格的下降能够降低消费。[②]

在1987年10月，美国经济是强劲的，因此证券市场的狂乱干扰对国内总产出仅有较小的影响。争论是单边的。经济没有回应。

但是，其他时候我们没有那么幸运。

## 证券波动性和经济大萧条

图11—5标出了大崩溃和大萧条时期道琼斯工业平均指数的日收益

---

① 关于投资者财富效应的合理假设将是真实的。

② 证券市场看起来有其自身的财政政策和货币政策。当美联储调整贴现率时，证券市场可能正通过在反方向上改变股本资本成本来逆向对抗。而当国会采取降低所得税的举措时，证券市场可能通过降低财富水平来逆向调整。这些由证券市场作出的逆向调整可能具有压倒性。

率。在这一时期，指数期权是不存在的，因此我们无法计算市场的内在波动性。但是，可以从图中清楚地看到，在 1929 年的后半期市场的波动性增加了。与 1987 年不同，波动性在 20 世纪 30 年代的前期一直维持较高的水平。这的确是一次危险的会谈，市场开始讨论经济，而经济也开始回应市场。

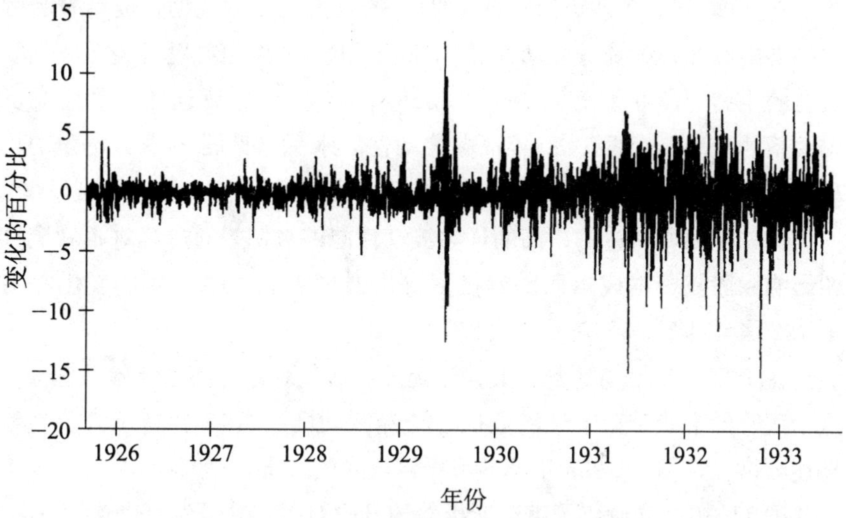


**图 11—5　大萧条附近道琼斯工业指数的日收益率**

正如前面所讨论的，市场是通过它的波动性和财富效应回应经济(通过增加不确定性和等待消费的期权价值)。与今天不同，在 1929 年很少有人持有普通股，因此财富效应较小。但是，通过阅读 1929 年 9 月至 1930 年的《华尔街日报》将会证明新闻中大量出现证券市场情况。在 1930 年年底，Thomas Woodlock，《华尔街日报》的记者，报道如下[①]：

> "神经质们"无法受制于证券市场的范围。他们是一种传染性疾病，迅速地传播到人类活动的所有地方。那就是华尔街现在的心情——"华尔街情绪"一词被常用于证券市场的界定，也在一般意义上说明其传染到商业领域。至少在某种程度上，它是病毒在传播的证据。《华尔街日报》已经收到许多信渴望着或者市场所有的交

① T. Woodlock, *The Wall Street Journal*, November 10, 1930.

易暂缓，或者行情不被公开。这些搜集来的无理由的杂乱信息正放松人们的神经。

有些观点将大萧条归因于紧缩的货币政策。[①] 但是，货币方面的解释很难说明 1930 年究竟发生了什么。在 1930 年，联邦储备体系确实三次降低了贴现率，贴现率从 5%下降到 3.5%。

在 1930 年，工业产出降低了 24%的巨大幅度！根据月度消费者耐用品支出数和月度证券波动性，Christina Rome 作为奥巴马经济顾问委员会的主席，建立了美国 1891—1928 年[②]有关证券波动性和耐用品支出关系的模型。根据 1930 年证券波动性的水平（见图 11—5），她的模型预测该年支出会下降 44%，而实际下降了 32%。

正如上面所讨论的，高的证券波动性能够被期望通过其对不确定性的影响和股权资本成本而影响投资支出。事实上，1930 年的支出相对于 1929 年下降了 35%。[③]

在 1929 年，证券市场开始谈论经济，1930 年，经济也开始回应——这个危险的会谈结束于经济危机。证券波动性在 1934 年持续高位。经济逐渐恢复，但是 1937 年证券市场再次受到打击。

图 11—6 再次画出了道琼斯指数的日收益率，时间为 1935 年 1 月—1938 年 4 月。再一次，1937 年 8 月 1 日证券波动性爆发了，推动证券价格急剧下降。在证券市场第二次崩溃之前，经济正在恢复，安全网即联邦存款保险公司也已经成立。经济面临来自证券市场波动性爆发的巨大挫折。8 月之后，消费品行业比 1930 年下降的更多，到 1938 年 5 月，失业率已上升到 20%。最后，在 1942 年，美国成为第二个实行战时体制的国家。你可以猜猜哪个国家是第一个实行战时体制的国家。

---

① 例外可见 P. Temin，*Did Monetary Forces Cause the Great Depression*?（New York：W. W. Norton，1976）.

② C. Romer，"The Great Crash and the Onset of the Great Depression，" *Quarterly Journal of Economics*（1990）.

③ 在大崩盘和大萧条中，我们都使用"大"来命名这两个经济事件。这些事件彼此间隔数月。多数经济学家宣称证券市场曾经预见了大萧条的来临。检索 1929 年下半年出版的《华尔街日报》标题，然后问问你自己市场是否曾经有大萧条即将来临的暗示。证券市场无法预见大萧条的来临，是证券市场导致了大萧条。而且，在极大程度上，证券市场未因其预示经济事件而成为先行指标，只是积极地促成了经济事件。

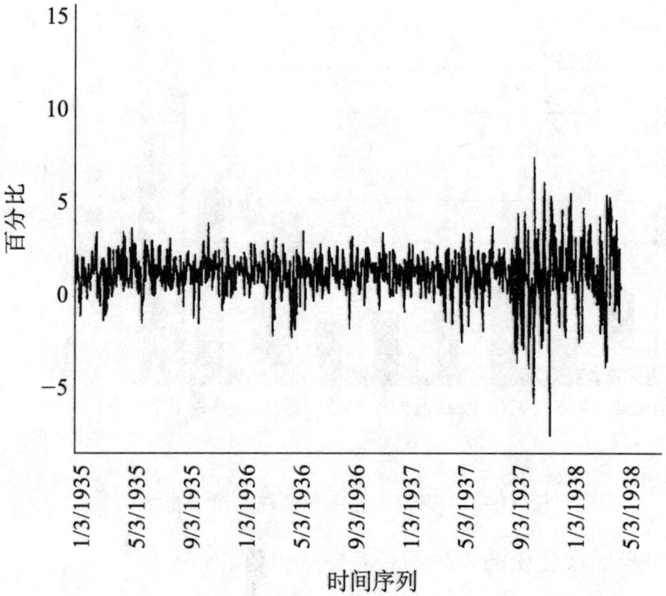


**图 11—6　第二次股市崩溃附近的道琼斯工业指数的日收益率**

## 大萧条和纳粹组织的出头

在经历第一次世界大战后的恶性通货膨胀后，德国经济呈现复苏迹象，在 1925 年其失业率已经降至 5%。但是，一年前通过的达沃斯计划使得美国已经成为第一次世界大战后欧洲最重要的金融信用的提供者。被美国短期信贷支持的德国经济进入十分脆弱的状态。

事实上，在 1929 年德国前首相和外交大臣 Gustav Stresemann 认为：

> 经济处于表面的繁华，德国实际上正站在火山口。如果短期信贷停止，我们的大部分经济将会坍塌。

在大萧条之后，这类贷款都停止了，德国经济实际上也崩溃了。结果证明，在世界各国中，德国是受到大萧条打击最严重的国家。图 11—7 表明德国失业率（黑柱）伴随纳粹组织得到的选举支持（灰柱）而上升。当德国的失业率升至 30%时，纳粹组织的人数也在上升。那些人在 1932 年控制了政府。

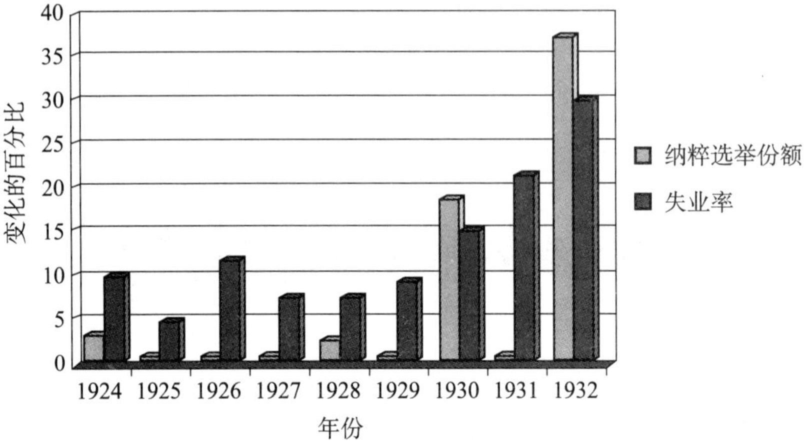


**图 11—7　德国失业率和纳粹的政治支持率**

看起来毕竟会谈的智慧还是有一些价值。

## 2008 年金融危机

看起来过去的传统智慧对现在和未来也很适用。证券波动性对于不确定性的效应在今天与过去一样。证券市场的财富效应在现在发挥更大的影响，因为今天持有证券的人口比例比 1930 年要大得多。

有效交易天数在增长。正如在 1968 年的交易假期中证券波动性下降一样，我们也期望波动性随着一周交易时间变长而增加。而且，世界资本市场现在更加一体化了。美国证券市场的直线下降在数小时内会迅速传染到其他市场。今天，已经不需要通过信贷来传播经济问题了。

2008 年的经济危机产生于债券市场。国会鼓励房利美和房地美通知银行它们准备购买次级贷款。银行知道它们有准备好的市场来购买自身发行的次级贷款，便立即执行。这加速了房地产市场泡沫的破裂，当房产价格下降时，信贷市场也就随之而崩溃了。这种影响力远远超过传统借贷市场，因为“感染”的抵押支持证券现在已经污染了全球范围内金融机构的账簿。国会由于对它们直接措施的系统性影响缺乏考虑而计划增加房地产支持率。不期而至的迅速上升的石油价格更加点燃了火焰。

伴随着金融机构的崩溃，证券波动性在 9 月大幅增加，在 10 月超过 80%。不出所料，依据图 11—2A，证券市场也崩溃了。当我在 2009 年 1 月为本书增加这一部分时，证券市场的波动性对不确定性的效应已经使其日常价值降至三分之一，其中包括财富水平、资本成本、投资和消费。与图 11—3 不同，证券波动性相对于 1930 年一直在持续增加。这个事实说明不是由证券市场引发的危机并不意味着证券市场可以完全掌控局面。当讨论本章第 128 页注释②时，证券市场已经拥有自己的货币政策和财政政策，它的力量超越了国会和联邦储备体系。

在奥巴马就职前夕，我们仅希望他的经济团队能够得出正确的结论并且认识到证券市场在当代经济的地位。我们是否处于危险的会谈之中？我们将拭目以待。我们只能关注证券波动性，并希望它很快平复下来。①

## 附录

**新闻标题**

**1995 年 1 月 3 日**

**商业与金融**

维亚康姆公司（Viacom）将以 22 亿美元出售它的光缆系统

美国债券市场下跌

Spectrum Information 公司董事会辞职，CEO 任命后股票大涨

加利福尼亚高级法院裁定维护 Advanced Micro 公司的芯片知识产权

MCI 公司控告太平洋贝尔公司（Pacific Bell）

惠普公司（Hewlett-Packard）降低型号为 DeskJet 打印机的市场售价

去年 11 月，美国新房成交量下降 2.5%

伟康医疗公司（Respironics）受到美国食品和药品管理局的警告

福特公司（Ford）CEO 声称利率上涨不会影响汽车销售

墨西哥比索在人们对 Zedillo 计划的质疑声中贬值

美国 Virgin Air 航空公司对英国航空公司（British Air）的诉讼获得进展

美国 Orange County 公司将出售价值为 4.58 亿美元的证券

---

① 你可以使用这一链接跟踪了解市场的内含波动率：http：//finance.yahoo.com/echarts?=%5EVIX#symbol=%5EVIX;range=1y。

美国经济：采购经理人的通货膨胀指数达 14 年来最高点

共和党取得国会控制权

**世界性新闻**

堕胎诊所发生枪击，2 死 5 伤

金里奇拒绝 450 万美元的预定

墨西哥萨帕塔主义将撤回军队

美国警告在古巴的海地人迅速撤离

意大利总统斯卡尔法罗（Scalfaro）退出选举

以色列在西岸的新聚居地发生暴乱

俄罗斯车臣仍旧处于僵持

土耳其坠机的“黑匣子”被发现

克林顿派警察维护堕胎诊所治安

伊拉克声称 470 人在库尔德人内部争斗中丧命

以色列总统佩雷斯（Peres）对加沙地区的死者表示哀悼

**1995 年 1 月 27 日**

**商业与金融**

Teledyne 公司因帮助伊拉克而支付 390 万美元罚金

美联储主席格林斯潘（Greenspan）指出高速增长的势头有所减缓

麦当劳（McDonald's）第四季度每股净收益为 43 美分，而上年同期为 36 美分

GTE 公司第四季度因移动电话业务利润增长 9.6%

宝洁公司（Procter&Gamble）第二季度每股净收益 1.06 美元，而上年同期为 92 美分

MCI 公司第四季度来自老年退休金计划的利润为每股 35 美分，而上年同期为 34 美分

可口可乐公司（Coca-Cola）第四季度每股净收益 44 美分，而上年同期为 36 美分

美国经济：耐用品订单上涨至 16 年新高

美国经济：1994 年第四季度增长速度达 4.5%，当年全年为 4%

美国国债继 GDP 报告后继续增长，30 年增长 7.78 倍

时代华纳（Time Warner）收购 Houston Industry 公司的电缆业务

金里奇不愿意透露是否墨西哥救助计划已获通过

洛克希德公司（Lockheed）在埃及贿赂案中支付 2 400 万美元

好时公司（Hershey）第四季度每股净收益 29 美分，而上年同期为 1.04 美元

Stop&Shop 公司陷入美国联邦调查局食品行业部的调查

美元在人们对墨西哥救济案的关注中下滑

美国航空公司第四季度每股下降 5.63 美元，而上年同期为 2.29 美元

Texas Instruments 公司第四季度每股净收益增长 40%至 1.98 美元

**世界性新闻**

犹他一居民因恐吓克林顿而被捕

克林顿责令仲裁者继续棒球谈判

国会拒绝波斯尼亚改变计划

巴勒斯坦解放组织与约旦达成合作协议

犹太人联合抵制奥斯维辛集中营解放日庆典

朝鲜拒绝首尔会谈的提议

以色列人袭击西岸学院并拘留 30 人

俄罗斯母亲争取 6 名车臣士兵被释放

波斯尼亚危机处于 4 个月来最糟糕的局面

美国关于向日本广岛投放原子弹的展览可能被取消

**1995 年 8 月 25 日**

**商业与金融**

IBM 为 Windows 95 签订专利使用权转让协议

Novell 公司第三季度利润令人失望，股票价格随之下跌

AlliedSignal 公司收购 Northrop Grum-man 公司

美国经济：因汽车生产线关闭，耐用品消费低迷

星期四的美国市场：因有迹象表明增长缓慢，美国债券价格上涨

安然公司为 Coda Energy 公司出价 19 680 万美元

Bertelsmann 公司有意成为美国在线（American Online）的合作者

法院削减福特公司因烈马汽车安全问题而造成消费者损失的赔偿金

South Western 公司接受 Southern 公司提高的出价

Medaphis 公司法律顾问辞职

ABC News 公司提出的不公平的赔偿金要求遭到法院的拒绝

费城联邦储备银行调查显示第三季度通货膨胀率为 2.9%

虽然 Cordis 医疗设备公司的诉讼仍未解决，该公司第四季度收益增长

美国经济：抵押贷款助长 7 月美国住房转售

Republic Waste 公司将收购 Southland Environmental 公司

星期五美国的市场状况：债券价格飞涨，股票价格上涨，美元贬值

**世界性新闻**

在被证实是间谍之后，中国政府驱逐美国艺术家吴先生
乌克兰维和部队撤离格拉日带
美英两国不会支持取消对伊拉克的石油禁令
扎伊尔制止强制将难民驱逐出帐篷
以色列、巴勒斯坦达成水协议
印度克什米尔叛乱者释放人质
丹麦法院同意引渡美国的新纳粹分子
百慕大选举财政部长戴维·索尔为总理
美国第一夫人参加北京妇女大会
Packwood 地区举行关于对行为不当处罚的听证会
埃及穆巴拉克（Mabarak）为萨达姆（Saddam）提供庇护所
英国部队开始从格拉日带撤出
克罗地亚和塞尔维亚达成在斯洛文尼亚地区的停火协议
两名哈马斯亡徒在以色列枪战中被击毙
中国驱逐两名犯有间谍罪的记者
大火吞没纽约长岛大片土地

**1995 年 10 月 2 日**

**商业与金融**

因瑞士法郎估值过高，美元回升
Gartmore 公司股票因可能存在的报价战而飞涨
Forte 出售美国 Travelodge 连锁旅店
新泽西放弃高含氧汽油规定
Tracinda 公司雇佣艺术家吸引克莱斯勒爱好者
AT&T 公司计划股权拆分以刺激与 Baby Bell 公司合并的谈判
美国经济：8 月份，新房销售量降低 9.6%
星期五的美国市场状况：美国债券实现五周来的最大涨幅
9 个月以来公司合并规模达到 5 640 亿美元
Lucas 公司将支付 8 800 万美元以解决五角大楼争议
Foster Wheeler 公司取消购买 Ahlstrom 的提议以削减 500 个职位
英国罪案调查局可能介入 Leeson 案
AT&T 公司因消费者缺乏兴趣而搁置互动电视开发
美联储对大和银行纽约分行进行管制

Tracinda公司副董事长约克（York）声称，戴姆勒可能购买克莱斯勒20%的股权

墨西哥Bolsa股票指数当天下跌4.19%

克莱斯勒9月份销售下跌7%，通用汽车销售量增长0.5%

星期一的美国市场状况：债券价格上涨，美元升值，但股市下跌

美国经济：生产指数低于预期

**世界新闻**

威尔逊（Wilson）退出1996年共和党主席的竞选

克林顿就波斯尼亚美军动向会见国会议员

霍尔布鲁克（Holbrooke）回到萨拉热窝推进和平协定

哈基姆-奥拉朱旺负伤，避免了与奥尼尔的对抗

金里奇支持乙醇补贴

官员被判有罪后，美国机场安全警戒提升

法国核试验之后，日本可能会召回驻外大使

菲律宾山体因暴雨滑坡，死亡人数达到45人

**1996年6月3日**

**商业与金融**

法官判决克莱斯勒违反加利福尼亚柠檬法案

Ascend Communications将以3亿美元收购NetStar

德国KHD公司与德意志银行合作解决救助问题

4月份日本失业率从3.1%增长到3.4%

美国经济：生产有复苏迹象，然而消费仍旧低迷

5月克莱斯勒依靠回扣，迷你货车销售量猛增17%

法律部门反对Union Pacific和Southern Pacific合并

Clear Channel将以33 600万美元收购Heftel Broadcasting

Avis正在洽谈被收购，HFS声称将起诉

共和党人Huizenga将出售Flordia Panthers公司50%的股权

Dutch Pakhoed愿意为Univar的剩余资产支付30 300万美元的买价

委内瑞拉为获得国际货币基金组织30亿美元新增贷款清除障碍

**世界新闻**

内塔尼亚胡（Netanyahu）击败佩雷斯（Peres）成为以色列总理

LSD教父蒂莫西·利里（Timothy Leary）死于癌症，享年75岁

日本和韩国将共同举办2002年世界杯足球赛

意大利新政府赢得匿名投票
克林顿宣布延长中国的最惠国待遇
欧盟财政部长关于债务和货币标准意见产生分歧
巴林捕获 29 名由伊朗支持的反政府分子
北约组织重新界定关系为后冷战联盟关系

**1998 年 11 月 30 日**

**商业与金融**

美国股市上扬，其中以石油股和技术股领涨；纳斯达克证券交易所股指创新高
美元升值，债券价格随之上升，迫使收益率降低至 4 周以来最低
由于欧洲有降低利率的趋势，美元对马克升值，达到 2 个月来新高
创纪录的上涨可能有支撑：美国股市综览
美国股市遭遇 2 个月来最大损失
欧佩克国家取消降低产出，原油价格下跌
美国债券价格上涨，股票价格下跌，不存在通货膨胀

**世界新闻**

克林顿会见阿拉法特起草经济救助计划
施罗德声称德国不会引渡库尔德领导人
印度火车出轨，造成 189 人死亡
《纽约时报》报道，共和党中对克林顿指责的支持增加
美国食品和药品管理局发布新规定，要求药品公司进行儿童药效测试
克林顿敦促更严格的网络自律，以寻求更快速的网络
克林顿要求国会对巴勒斯坦的救济款增至 4 亿美元
俄罗斯推迟至 12 月 10 日商讨 1999 年政府预算
美国最高法院不将对耗尽的核燃料的处置进行立法
魁北克分裂主义者为赢得新的分裂投票需要大的胜利

**2000 年 11 月 20 日**

**商业与金融**

ING 公司雇佣高盛为其投资银行业务进行评估
美国声称它正在取得欧佩克的支持以将每桶石油价格定在 20～25 美元之间
欧洲科技股股价本周可能会因利润问题下跌
分析师认为，美国 9 月份可能因为油价上涨而进一步加大贸易赤字
分析师指出，家得宝（Home Depot）、沃尔玛（Wal-Mart）有望成为顶尖的家居用品销售商

欧洲经济报告显示增长速度将更加缓慢，德国信心开始降低

Royal KPN 公司通过股票和可转债筹资 47 亿美元

随着英国经济增长趋缓，英镑很有可能对美元贬值

投资者认为，Telefonica 公司需要降低 Moviles 股票的首次公开发行价格

德国邮政（Deutsche Post）上市，首次公开发行规模达 200 亿美元

由于索尼的 PlayStation 产品短缺，假期消费者将购买 DVD、MP3 播放器

钢铁网络交易所交易额小，利润微薄，不可能生存下来

伴随着 Juniper Networks 下跌，美国股市继续下跌，纳斯达克股票指数创 13 个月来最低

摩根士丹利减持计算机网络股，Juniper Networks，Redback 股价下跌

甲骨文公司（Oracle）失去第二名高级执行人员后，股价下跌 14%

Agilent Technologies 公司声称第四季度会计利润增长一倍有余

日元跌至 8 个月最低点，日本经济低迷

EarthLink 协议之后，美国在线和时代华纳推迟合并计划

因担心可口可乐公司会为 Quaker Oats 公司支付过多，公司股价下跌

Fifth Third Bancorp 公司以 47.5 亿美元购买 Old Kent 公司，从而在中西部地区进行规模扩张

寒冷天气使燃料短缺，加热燃料价格飞涨

戴姆勒-克莱斯勒解聘销售主管和另外两名执行官

雷曼分析师降低对 EBay 公司销售评级后，EBay 公司股价下跌 21%

垃圾债券暴跌困扰投资者，市场现金趋紧

**世界新闻**

官员称，佛罗里达州投票数的再次计算可能需要 10 天或更长时间

秘鲁总统藤森（Fujimori）辞职，结束了 10 多年的总统生涯

雅虎因在法国允许网络传递纳粹内容将面临罚款

澳大利亚遭遇雪崩，两人死亡，至少十人失踪

电影《圣诞怪杰》首映以 5 510 万美元成为排名最靠前的影片，超过《小混球巴黎历险记》

佛罗里达州司法部门设定总统选票重新计算的截止日期

日本首相森喜朗在国会的公开投票中获胜

继公交爆炸后，以色列直升机袭击巴勒斯坦在加沙地区的目标

巴黎法院裁定，雅虎必须终止纳粹网站的链接，或将每天面临罚款

飞机紧急降落迈阿密后，一名空乘人员死亡，三人受伤

# 第十二章 理性金融学、行为金融学和新金融学

## 新金融学

有些人可能会问这项工作如何能够与正在受到推崇的行为金融学区分开来。

在我看来，虽然本书包括的主题与行为金融的某些范式是一致的，但是，因为行为金融强调人类行为的特点以及在资产定价方面的影响，我认为新金融学会超越这些观点而有所拓展。

有一些行为金融学的支持者采用更加信息化的方法建议用心理学文献的一些行为倾向解释金融市场上实际观察到的异常。① 其他人则采用精确的方法。他们修改了数学公式化的资产定价模型中纯粹的合理性偏好功能，因此这些模型的闭式解比那些基于纯粹理性偏好的模型更具有一致性。②

假设所有的方式都开始于个人行为，假设这个行为实质上在许多方面具有非一致性，并最后结束于对金融资产价格结构的预测。

“理论”假设所有个人都具有最有效的资产组合，那么这些加总起来会使市场指数也更加有效。

所有的合理的和行为的目标都有致命的缺点，因为无法解释最终结果之间相互影响的复杂性和唯一性。

---

① W. DeBondt and R. Thaler, “Does the Stock Market Overreact?” *Journal of Finance* July (1985).

② 当受到一种刺激影响以后对相类似刺激产生反应时，引导效应就发生了。一些人已经用修正的效用函数进行验证，当前消费的效用取决于习惯性消费水平。S. Sundaresan, “Intertemporally Dependant Preferences and the Volatility of Consumption and Wealth,” *Review of Financial Studies* (1996); G. Constantinides, “Habit Formation: A Resolution of the Equity Premium Puzzle,” *Journal of Political Economy* (1990).

## 合理的和行为的经济模型

在经济学课程里，学生们可能很少会学到短期的长度。

但是，他们可以学到关于在市场环境下价格决定的简单微观经济学模型。图 12—1 表示一些资产、产品或服务的供求曲线。假设供应商面临边际成本的上升。为获得利润最大化，他们一直保持生产和供给直到边际成本等同于产品的价格。任何一个供应商都面临上升的供给曲线。当价格上升时，我们将每一个供给单位加总，总供给数量增加，从而我们会得到一条上升的总供给曲线。

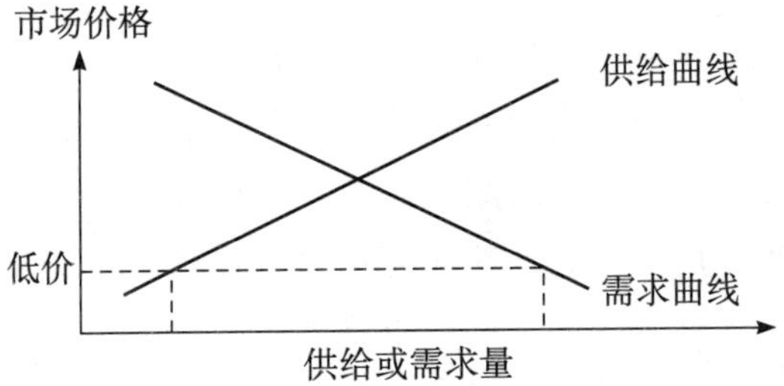


**图 12—1　供给曲线和需要曲线**

假设消费者在消费产品的竞争中获得效用。其他商品价格不变，考虑到需求变化对价格的影响，如果每个消费者要求更多，他或她开始变得贪得无厌。效用将随着购买的增加而下降。为获得效用最大化，理性的消费者将会一直购买直到最后一个单位的边际效用等于价格。当价格下降时，消费者将会增加购买，因此边际效用对应更低的价格。任一消费者都面临一条下降的消费曲线，表示随着价格的下降，消费者会购买更多。加总所有的消费者，我们获得一条总需求曲线。见图 12—1。

因此，我们得到一条向下倾斜的总需求曲线——随着价格的下降，需求上升。

假设我们从图 12—1 中一个较低的价格开始。这里，消费者的需求超过了供给者的供给。消费者提高了他们愿意支付的价格，部分原因是供给者愿意在更高的价格上增加供给，从而使得缺口缩小。价格会一直上升到曲线的交点。在供求曲线的交点，平衡出现了。[①] 当供给与需求相等时，该模型中没有任何内生因素会引致价格变化。变化来自于一些外生因素，比如新的具有竞争性的产品的出现，这些情况会改变需求曲线，或者比如制造技术的改进会带来供给曲线的变化。

在这个简单、有序的模型中，每个人的理性决策会得到利润最大化或效用最大化。这个类型被称为理性的经济模型。“理论”是理性经济模型的一个例子。

将理性的经济模型转变为行为经济模型和解释非理性决策对市场价格的影响并不困难。例如，你能关注消费的边际效用的决定和本质。在一个理性模型中，消费者会考虑产品的所有权和增加一个单位的所有权会如何影响他们的边际效用。

但是这里，让我们关注非理性的状况吧。

假设消费者将价格作为产品质量的一个信号，并假设消费者无法获得产品质量的充分信息。面对两种看起来十分相似的产品，他们期望更高的价格代表更高的质量。对行为经济学家而言这一点没有任何问题。就像修正效用函数使效用成为价格的内生函数。

我们现在有一个行为的有序函数。

消费者的行为状况被认为是稍欠理性的，需求曲线也会相应调整。可以想象，在一个行为经济模型中，需求曲线会在满足状况来临之前的一段时间内随价格上升。

但是我们增加些相互的影响从而使事情变得更加复杂。

在图 12—1 的简单理性模型中，当价格下降时，更多的消费者会进入市场。这些消费者的确认与图 12—1 的理性分析不相关。但是假设一些消费者进入市场是因为受到其他消费者的影响。假设这些影响并不是均等的。一些消费者可能会被认为更加有智慧，另一些消费者可能拥有更多的尊重、财富和权势。这些个体进入市场会给其他人提供一些关于产品质量和偏好的信号。这些个体的要求可能会改变其他人对产品接受

---

① 在有效股票市场上，供给与需求被认为是在合理的价格上具有无限弹性的。如果真实价格略低于合理价格，需求方就会投入大量资金用于购买股票。相反，如果股价略高于合理价格，大量投资者抛售股票。在有效市场上，比尔·盖茨可以以今天的价格全部出售他的微软股票。从这一点上说，他真如他所说的那么富裕。

的效用。

“如果他们购买，我也会购买。”

行为经济模型是简单而有序的，然而上面提到的任意情况都会使它变得复杂。

这些受到尊重的消费者进入市场，他们不会被其他人平等地对待。他们被一些人知道而不被另外一些人所知。努力赶上他们步伐的消费者也有所不同。仿效可能会很吸引人。这些人会在市场里相聚吗？他们之间的相互影响对产品质量会产生怎样的影响？①

有序的相互影响是少见的。

正如我们所见，在真实世界里人和事的相互影响是非常复杂的。

## 有序、复杂性和无序

有序是少见的，而复杂性却随处可见。

从一开始，月球围绕地球转动，地球围绕太阳转动就是最佳的有序模式。秩序能够至少在短期内获得日食、月食和潮汐的精确预测。但是，你知道当你延长预测期时，这些预测的精确度会减小吗？百万年的预测已经不准确了，亿万年的预测更是不可能的。

为什么？

因为在太阳系中有成千上万的物质。这些物质与月球、地球甚至是太阳之间具有相互的作用力。在短期内，这些作用力的影响是反向的。但是，很长时间之后，累积的反作用力将十分巨大。在更长的时期内，这些物质之间的相互作用将会消融在一片噪音之间，而其相对的位置将无法可知。

现在，来考察一下一簇拥有百万颗星的星系，每一颗星甚至在短期都与周围的星相互影响。周围的星相应地又与邻近它们的星相互影响。

---

① 在博弈经济模型中，参与者之间的交互作用需要明确加以考虑。然而，对相互作用的反应却是基于理性的。并且，在财富水平和信息已知的条件下，反应是确定的。本章所要讨论的话题完全基于这样一个观点，即使受到相同的刺激，每种反应（理性的或是行为的）可以认为是完全独特的。的确，刺激本身就有可能是唯一的。基于这一点，将个人行为综合为集体行为是没有意义的。

面对这种相互影响的复杂性[①]，预测未来甚至在短期内都将变得不可能。

那么，在股票市场上数以百万参与者的相互影响会形成什么情况?[②]

这些个人行为复杂的相互影响能否被模型化来预测股票价格呢?

以数学的现状，相互影响的复杂性对它而言是难以克服的问题。无论如何，相互影响的独特性是标准数学模型最致命的内容。

每一个个体之间的相互影响都是与众不同的。

为研究原因，首先设想一个等边三角形。先围绕三角形画圆，三角形的三个点位于圆周上。从任何一点开始，沿着周长三分之一的路线向下，旋转 60 度的角到圆周。向这条边画一条直线，是从原点到下个点距离的三分之二。如此重复，你会得到一个六芒星，所有的点都在圆周上。

尽管六芒星仍位于圆里，但星的周长比最初的三角形的周长要多出三分之一。

现在从星的任何一点出发。向下移动边长的三分之一然后旋转 60 度角向上再回到边长的三分之二处。重复这项工作就会获得 12 条边的星形。新的形状依然位于圆内，它的周长多于六边星周长三分之一。每重复这个过程就会导致每一次周长增加三分之一。理论上，你可以无限制地延伸下去，移动会产生新的形状从而无限延伸周长，而形状始终位于圆内。[③]

我们继续问："对于一个真实物体的周长是多少?"

长度取决于你尺子的长度或你测量的准确度。

撕一张纸使它接近圆。圆周的长度是多少? 用一个 1 英寸的测量棒从一点到另一点测量 20 次，那么其周长是 20 英寸。

但是如果撕的纸不是很圆，在现实中是不规则的，用十分之一英寸的测量棒量 250 次，将得到 25 英寸的长度。当你的尺子更小时，测量更加无规则。你会发现纸的长度随着尺子变小和测量精确度的提高而无限增加。

---

① 关于经济复杂性问题的讨论，详见 P. Anderson，K. Arrow，and D. Pines，eds，*The Economy as an Evolving Complex System*（Reading，MA：Addison-Wesley，1988）。

② 在第十一章中讨论的股票波动性的价格驱动成分是投资者互动的结果。

③ Helge von Koch 最先描述它，所以它被称为科赫曲线。

你测量周长的实质以及你对纸张形状的感觉对于你的尺子而言将是唯一的![1]

实际上，有关任何真实的两维物体实际长度的限制在于尺子的限制。如果尺子能够无限小，那么长度将会无限大。

现在思考一下上面的经历，圆内三角形的案例也可以用于三维情况。在这个例子中，我们将四边的金字塔置于一个球体内并使它的四个点都在球面上。我们可以重复上述案例中的步骤，只不过现在是三维的，试图建造一个与球面无限接触的概念性物体，始终位于球体内。[2]

正如任何两维物体的长度是无限的一样，任何三维真实物体的表面积也是无限的。

上面提到的概念性三角形和金字塔不具有唯一性，因为它们都是规则的。

而真实物体是不规则的。

给你任何两个真实物体，如果你能够无限精准地检验它们，你将发现它们之间有很多地方是不规则和不一致的。

你尽可能撕两个看上去一样的圆，没有两个会是完全一样的。

真实物体都具有唯一性。

同样的原因，两个独立的不同物体之间的作用和反作用也是它们自己才具有的独特性，每一个特别的相互作用都被定义为其独特本质。

单个独特的单位之间复杂影响的结果不能简单地加总或概括。每一个结果都具有独特性。经济学家试图不断丰富他们的模型以更加精确的手段解释个体之间的相互影响。而对于数百万的市场参与者，这份努力因复杂性而在数学上难以驾驭，因独特性而变得没有太多意义。

没有测量精确度的限制，任何给定事物之间的交汇的领悟将会改变。

---

① 详见 B. Mandelbrot, "How Long Is the Cost of Britain? Statistical Self-Similarity and Fractional Dimension," *Science* (1967)。

② 在三维空间中，我们在该物体上增加一系列棱锥来构建它的表面。

单独地，两个不同单位之间的复杂性和独特性是不能以某种方式被模型化或加总以用来解释或预测关于市场价格的最终集聚结果。

两个交易者在交易所相遇。他们都代表不可公开的委托人。依据本章设定的背景，这些委托人自己实际可能在观察到价格对其他人以前交易的影响后而受到影响。但是，这些委托人可能不具有直接了解人为影响的能力，他们仅仅是观察市场价格发生变化后而有所反应。这些代理人现在准备通过交流促成交易。

让我们给这种可见的交流设定一定限制，这种交流或是面对面或是通过电子媒介。

对于一个交易者，光线被眼睛所接收，并转化成电脉冲，传递到大脑的视觉系统。这里，分析可以通过空间、方向、形状和颜色形成。这种分析被传送到大脑皮层关于交流的视觉和听觉的其他区域。这种直接的信息会通过弓形纤维束传递，弓形纤维束是一种能够连接脑部活动区域的大网络，包括语言程序、认知、联系以及文字意义。

这个过程的每一个点都是唯一的。

最后是交易的相互影响的结果和价格的变化。但是，寻找单个交易者具体行为加总成集体行为与股票价格之间关系的企图，如果没有考虑交易行为之间相互影响的复杂性和独特性，那么将最好是简单化，而最坏的是无意义。

当然，我们能够形成如此巨大的假设以至于遵循这个过程可能会得到财富效用最大化的理性结果。不幸的是，这一假设对形势没有任何帮助。因为即便如此，我们处理问题的相对理解力对于我们自己也是独特的，因此无法叠加。

以上讨论的理性的行为经济模型存在于一种有序的经济环境之中。市场上无数的独特相互影响导致了存在于有序与无序之间的复杂性。

混沌无序迷们常常会用从烟灰缸上升的烟雾举例。在最开始的几英寸中烟雾的上升是有序且可以预测的。然后，单个分子，每一个都是独特的，开始相互影响，这种影响非常重要，次序开始变得复杂。复杂又变成了无序式的不平衡。因此预测烟灰缸上两英里内烟雾的走向是不可能的。

单个分子的独特本质使得它们之间具有复杂的相互影响，以至于最后烟雾的路径无从得知。[1]

记住，大脑任何部分的真实区域每一处都是无限和独特的。大脑收集信息的过程不能形成有意义的模型。即便你试图通过理性反应的假设来加强同质性，信息在共同刺激下领悟的差异也会使得这些反应是独特的。

相互影响也是如此。

那么，如何理解和预测交易者和代理人的交互影响体系的行为呢？

不是通过微观途径，那种方式是让你关注单个代理人的行为，假设他们的行为具有一致性从而用数学计算出这些行为加总的结果。

这种加总将把你带向不归路。

相反地，应采用宏观途径。观察交互影响的结果即市场价格行为。在交互影响的动态分析后寻找趋势以释放它们。

观察、理解并预测宏观环境的行为变化，一如我们在第十章中所做的，这会比试图从微观来预测宏观途径要好得多。这就是新金融学的试金石。

市场是如此复杂的交互影响的动态状况，以至于理性的或非理性的单个行为都不能被加总、模型化或者在一种固定的外部环境的假设中进行概括。

## 按比例绘制股票市场

在图 12—2 中按比例描绘的每一个点都代表股票市场上的一种可能状况。这个比例计量的是价格推动的股票波动性的比例。在最左端，我们设置为在任何体系中都少见的有序状态，在这种状态下不存在与投资者交互影响的复杂性和独特性相联系的价格效应。当你开始向右移动时，你开始经历投资者交互影响的价格效应。这里，复杂性介入了。最后，在最右端，我们具有完全的不平衡和极端的无序。这里，

---

① 详见 E. Lorenz，“Large-Scale Motions of the Atmosphere：Circulation，” *Advances in Earth Science*（Cambridge：MIT Press，1966），看他是如何完美地将这个观点应用到天气上的。

所有股票的波动性都是价格推动的，价格的变化与真实经济信息完全不相关。

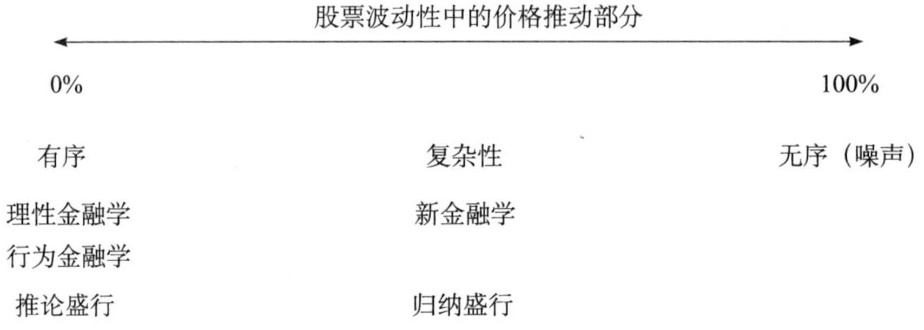


**图 12—2　对股票市场可行状态的模拟（比例化）**

价格推动的波动性可以解释所有行为。真实经济事件与这一市场毫不相关。

当每一点都代表市场上的可能状况时，市场的状况却不是固定的。如我们在第十一章所知，因为价格推动的波动性的部分是不稳定的，其在真实市场上的位置也会随着时间的推移而变化。

无法解释交互影响的复杂性和独特性的理性的行为模型在最左侧假设的市场中运行得最好。有效市场是最左侧的理性的特殊案例。博弈论中的非理性行为或者不存在交互影响的行为虽然与无效市场相关，但是它们仍然被设置在左侧。

一旦你向右移动，交互影响效应就会通过信息频道的信号的解释被介绍出来。这些关于价格波动性交互影响的效应、本质和数字基于：(a) 交易者的数量；(b) 交易的美元量；(c) 股票价格的相对流动性；(d) 交易被执行的时间。①

交互影响密度的快速增加如何使你接近右端尚不清晰。事实上，100%是否是一种可能性尚不清楚。

而且，当我们从左向右移动时，我们就从有序走向复杂最后到达无序。

---

① 如果所有的交易用电脑同时立刻执行，而不是在一段长时间里接连执行，投资者互动可能存在差异。

在最左侧，那里是有序的，用数学模型可以预测和解释得很好。

当我们移向右侧时，归纳、统计估测以及数学模型进行解释与预测的比重将大打折扣。

认可数学的微观经济模型在面对复杂的交互影响时的确愚笨，这一点可以算是新金融学的另一块试金石。

其在归纳能力方面的下降归因于其预测能力的下降。

与其观察市场的宏观行为，不如从个人的微观行为假设出发推导宏观行为。理性的和行为金融经济学家用繁复的数学迷惑自己。他们用一套他们认为充满智慧的严密方法让自己获得舒适。

如果他们的假设都是完全不现实的，那么他们之间没有区别，因此他们是同行者。

对于他们，优雅是全部。他们之所以如此看轻有关精神学、社会学、人类学的研究，是因为与他们自身的工作相比，这些学科太含糊了。因为不重要，他们不予理会，但又被迫认为可能重要，只不过缺乏数学手段几乎不可能是关键的。

数学模型可以预测出箭射出的轨迹。

但是这些模型也完全无法预测到一些事情的路径，羽毛的飞行是变化的、不断储存信息并作出回应。这种飞行是理性和有效的吗？受到多少环境的影响？有多少被接受了？多少是合理的过程？接受了多少其他飞行者的行为？多少被复制了？几乎每一件事都基于动力学吗？当存在大量飞行者并且他们之间有相互影响时，他们环境的任何部分能作为固定的内容来模型化飞行模式吗？（如我们在图 12—1 中所做的。）

一个数理经济学家是否真的理解本能的与活跃的都意味着什么？

假设你想研究一种程序，通过它能够发现鸟。有人真的期望推论超越归纳吗？鸟类学家不会用单个鸟行为的数学模型来解释其他鸟的行为。相反，他们从其他的鸟类数据上进行推导。他们的研究过程几乎完全基于归纳。

近似地，在一个具有高度交互影响的、复杂的，有时候甚至是无序的市场上寻找错误估价的股票，最好的方法是将理性行为金融经济学家的数理模型放在一边。这些模型骄傲于它们的方法、优美与优雅。它们可能会赢得奖励，但是它们却没有真实的基础。

它们没有能力解释和预测。

是的，它们是优雅的。它们是美丽的，但它们又是没有实际意义的。

在股票市场上，将推理、数学模型以及理论放在一边，取而代之以归纳。在这复杂的、交互影响的无效市场中，没有负担地寻找趋势。

更加宽泛地撒网，让统计学和计量经济学指导你的预测。

## “工具”是酷的……

太过于指责经济学是错误的。经济学思想的许多内容能为我们正确处理事情提供重要的指导。

举例来说，“工具”可以帮助我们构建有效的投资组合。市场中性的对冲基金会利用“工具”对成百上千的股票构建高收益低风险的投资组合。近一半的股票是被借来的然后很快被出售。出售的原因是要投资于国债这类无风险的资产上。与短期组合相匹配的是持有期较长的股票组合。“工具”被用来挑选长期和短期的股票，从而使得不同组合收益率之间差异的波动性最小，而期望的收益率最大。“工具”确实是赚钱的有效途径。

这里也有许多是从公司财务理论中所学到的。债券融资具有税收利益，因为利息支出是免税的。资本结构中债务的存在也可以对股东产生激励以防止投资过度。知道交易公司债务的含义实在太重要了。正确地使用债务也是赚钱的有力途径。

这对于政府发行债券同样是真理。政治家们警告国债对于孩子们的极端含义。但是公共财政经济学却教我们如何为我们的孩子更深入地考虑。例如，假设政府决定发行 1 000 美元的政府债券来替代直接征税 1 000 美元。从担心你的孩子的角度考虑，政府是否必须最后要从你的孩子那儿征税以偿付债券呢？如果你确实这样考虑，那么用免税的 1 000 美元来购买政府债券，你的孩子将可以用债券偿付的现金来支付他们的税费，这一点毫无疑问。

你真的相信政府债券是一场将会发生的灾难吗？

你看，我们能从经济学中获得深思熟虑的观点。

但是，对理论要保持警惕。

本书警告人们对理论保持怀疑，包括个人行为以及假设的总体行为，比如市场价格的影响。

心理学家教我们有关个体的行为。社会学家教我们有关群体的行为。社会学家并没有加总。

“建造房屋最可行的途径是什么?”这个问题将无法带你进入城市最终本质的精确预测。

看起来经济学家从微观到宏观的路径也是各具独特性的。

可见，个体行为不能被概括起来用于预测交互影响的群体及其定价行为。①

## 新公司财务

从第一页到最后一页，我们会发现所有标准的公司财务教材的背景是有效市场。

为获得最大财富，在一个无效市场上投融资者的行为会非常不同。那么，在无效市场上什么是赚钱的最佳途径呢?

在新金融学的背景下，管理者应该遵循以下投融资决策原则。

在考虑公司筹集资本的成本时，管理者应该运用先进的归纳技术（与内部信息互为补充）来预测公司证券的期望收益率。给定市场参与者交互影响的复杂性，这种技术必须不能以从微观经济行为模型中得到的理论为基础。

资本成本的预测必须以统计模型为基础，这种模型可以测量影响证券市场价格行为的宏观趋势。

管理者所依赖的技术必须是真正先进的，通过这种力量可以预测未来的收益率。

在为公司融资的过程中，管理者应该确定他们可以发行的最便宜的证券。一旦公司的资产被市场错误地定价（高估或低估），公司就可能

① 期权定价模型可以不用考虑与汇总有关的复杂性问题。但是，从多方面来讲，这些模型更像是一种工具而不是理论。假如你是投资者，同时持有股票和它的期权。如果你将股票市场价格应用到期权定价模型中去，模型就会精确地提供预期收益或者是最小方差投资组合。二叉树模型或者连续时间模型（并假设股票的方差）能够提供整个投资组合的估计价值。

会创造出被高估的证券组合。在寻找最便宜的证券组合时，公司证券的持有者对收益率的预期或者他们希望获得何种收益率都不重要，重要的是管理者认为它们将会怎么样。

另外，管理者应该考虑在实务部门和金融部门之间可能的投资选择。记住，在无效市场上，运用先进的期望收益率的统计模型，管理者可以在金融市场上找到高收益率的投资。管理者自己拥有的股票一定是这类股票，但它仅在基于管理者自身信息的背景和需要是免税的投资时才是特别的。金融的期望收益率应该可以与实务部门的预期收益率相比较。

在免税的世界里，假设没有与互斥投资有关的问题、信号问题、代理问题以及为投资和融资决策建立相互依赖关系的其他因素，管理者应该选择收益率最高的投资，条件是收益率高于用于融资的最低成本证券的预期收益率。

管理者应该继续通过外部融资进行投资，直到这种投资和低成本来源的融资之间的预期收益率差为零。对于内部融资的投资来说，管理者应该接受预期收益率高于股东或管理者预期和必要收益率两者之间高者的项目。

遵循这些原则，就会实现股东收益最大化。

# 第十三章　最后的话

金融学家长期以来信奉这样的理念，即首先创造出能够预测世界如何运行的方式，我们就会前进得更快更好。接着，我们就通过数字来检验能否与预测相符。如果我们发现它们不一致，我们或者（a）“改进”理论，改变理论所依据的假设条件，或者（b）“改进”经验检验，直到数据检验的结果与我们的理论预测相一致。

理论源自这样的问题：“如果我们都运用‘工具’，那么世界将会怎样？”“幻想”源自：（a）与大公司股票价格的连续百分比变化似乎不相关的原始报告，和（b）如果证券价格精确地反映可得信息，那么它们应当遵循随机游走的理解。我们用近 50 年的时间不断琢磨数据，试图让它们与理论相符。

但是大多数人类知识前沿的主要推进并不遵循从理论到经验检验之路，更有甚者，我们大部分最伟大的胜利是按照从数据到理论的相反方向获得的。从直接的经验观察到理论发展的研究路径给予我们很大启发，使我们可以深入理解我们所观察到的情况。

1887 年，Michelson 和 Morley 将光束投向相对于地球自转方向相反的方向。他们期望与地球自转方向相同光束的传播速度比相反方向光束的速度快。令他们惊讶的是，他们发现两束光的速度完全相同。这个经验检验激发了一位年轻的物理学家阿尔伯特·爱因斯坦（Albert Einstein）重新思考自然界的规律，假定宇宙存在普遍的速度极限——光速。

20 世纪 20 年代，天文学家爱德温·P·哈勃（Edwin P. Hubble）花了许多年的时间在威尔逊山顶用虎克反射望远镜观察天空。他辛苦地记录了成千上万的天体频谱中红移的光度。经过多年的直接观察，他进行了一般性归纳。天体离地球越远，它的频谱红移越厉害。因为红移的光度反映了物体离开观察者运动的速度，哈勃的推论是宇宙一定在扩张。①

① 在气球上画上点，然后吹破气球。以任何一点作为参照物，所有的其他点都在做反向运动，距离越远速度越快。

哈勃的观察结果被天文学家得知，这些理论家建立了模型（依据宇宙是从一个质量点发生大爆炸而形成的这一基本理论），成为人类历史上最伟大的智力成果。

从“世界如何运行”到“它为什么这样运行”。

我们现在已经看到许多尝试证明股票价格运动规律的结果，这些结果与理论预测并不相符。

它们甚至连接近都谈不上。

在金融领域，在研究金融市场的运行方式之前，我们是否太快地信奉“理论”了？当面对日益增加的证据而我们的信任度尚未建立起来时，我们现在过于固执地不信奉它们了吗？

谁将站出来否认下列论断的正确性：“如果从一开始我们就知道我们现在所知道的，‘理论’和‘幻想’都不会成为我们认真考虑的对象。”如果我们同意这个论断，我们还能否认现在是时候该放弃现代金融学长期坚持的范式了吗？

现代金融学的支持者坚定地坚持他们的信仰。从某种角度讲，他们的立场是高尚的。他们认为他们自己将金融学从神秘主义带回了现实。

但是那些对抗未知的力量究竟能走多远。

门卫将接受这些陌生者然后在公平斗争中摧毁他们。

取而代之，他们可能会蔑视、轻视，从不认真思考，更不会引用与回顾。

在他们的决定中，他们会真的阻止一条错误的道路吗？或者他们会阻止一条与他们的正式训练相背离的路径吗？

过时的是不好的。

* * *

我们有两个选择。我们能够前进，通过完全接受新的方法来帮助我们理解我们从数据中所看到的。或者，我们可以后退，通过否定大部分人看起来很明显的内容，通过更多的计量经济学过程让数据屈服，直到符合我们预想为止。

在古希腊，科学家 Ptolemy 设计了一种能够解释观察到星星运动规律的理论。在他的理论中，地球是宇宙的中心。

罗马教会接受了他的理论。毕竟，如果人是上帝凭想象力创造出来的，那么人类为何不能居住在一个像宇宙中心这样尊贵的地方呢？

但是，1576 年，Tycho Brahe 开始建立一个叫“天堂的城堡”的观察基地。他用那个时代最好的仪器观察天体的运动，测量和记录了 777 颗恒星的位置，据说他的记录误差从没有超过一分或两分的周日弧。

越来越明显，他的观察结果与 Ptolemy 的理论是不一致的。在教会的支持下，数学家和科学家努力工作创造了与 Ptolemy 理论一致的各种新版本，使得这个理论越来越复杂，以便与最新的记录相符。

1600 年，布鲁诺已经开始反对欧洲支持的地球中心说，他认为存在许多近似太阳的星系，那些不能接受他观点的力量将他活活烧死。

后来，开普勒加入了 Brahe 的行列，开普勒学习了早期一位天文学家哥白尼的著作。他认识到，如果假设地球和其他星体围绕太阳转，大部分难题就可以迎刃而解了。开普勒还意识到，在科学上，简单的理论常常比复杂的理论更精确。为了打破教会的教条，开普勒发展了一个具有更强预测能力的简单理论，这个理论以他的三个天体运动定律为核心。他的理论最初发表于 1609 年。

那一年也标志着伽利略精彩发现的开始，伽利略开始用新发明的天文望远镜进行观察。伽利略发现木星有像月球一样的卫星围绕它旋转。更重要的是，他发现金星有类似于月球的表面。这也证明了金星是围绕太阳而不是地球运动的观点。

伽利略以通俗的方式记录并出版了他的发现，其中还包括他与两位著名哲学家的论战。

教会当然无法接受。他们召唤伽利略到罗马并命令他公开放弃他的“错误”观点。

由于害怕重蹈布鲁诺的命运，伽利略顺从了，并被迫要求住在家乡，放弃天文研究。

真正相信地心说的人是否会在哥白尼、布鲁诺、Brahe、开普勒或伽利略的劝说下改变他们的观点呢？这一点尚不清楚。也许他们还在自己的坟墓里继续寻找更加复杂的观点以使它与最近的经验观察相一致。

坚持到最后的都是真正的信徒。

* * *

希望我们都可以在温暖的怀基的沙滩上度过余生。

不要害怕通向钻石尖的旅行。

你将发现那是一个安全而舒适的旅行。

# 术语表

**行为经济学模型（Behavioral Economic Model）** 在有序的状态下，通过对理性和非理性行为的加总得出的一种价格行为理论模型。

**底部的渔夫（Bottom Fisher）** 没有“水晶球”的资金管理者，他们偏好的股票是相对于当期现金流价格最低的股票。

**无序（Chaos）** 由粒子、物体之间的交互影响所导致的不可预知的混乱。

**圣诞树（Christmas Tree）** 盈利增长率的均值回归模型。

**复杂性（Complexity）** 一种存在于有序和无序之间的行为状态，在这种状态下，行为不会锁定在某地或消融在动乱中。

**水晶球（Crystal Ball）** 用来评价未来前景的技术（包括主观的或数量的）。

**钻石柱（Diamond Bar）** 高价格的增长股投资者的退休结局。

**钻石尖（Diamond Head）** 低价格的价值股投资者的退休结局。

**误差推动的波动性（Error-Driven Volatility）** 股价的波动性是由于高估或者低估股票价格对现实经济事件的反应。

**事件推动的波动性（Event-Driven Volatility）** 股价的波动性是由于股票价格对真实经济事件的及时和无偏反应。

**“幻想”（The Fantasy）** 一种信念，该信念认为股票价格的随时调整是对新的相关信息即时、无偏的反应。

**化石（Fossil）** 与有效市场假设矛盾的一种证据。

**黄金机会（GO）** 到达钻石尖而不是钻石柱的绝好机会。

**增长股（Growth Stock）** 一种相对于当期现金流、盈利、红利和账面价值价格较高的股票，一般期望它的每股收益在未来较短的时间内具有比一般水平更高的增长。

**第 1 号增长列车（Growth Train＃1）** 20 世纪 20 年代出现的对股票估值标准的修正。

**第 2 号增长列车（Growth Train＃2）** 20 世纪 60 年代早期出现的对股票估值标准的修正。

**异教徒（Heretic）** 真正不相信“理论”与“幻想”的人。

**有效市场的圣殿** 位于伊利诺伊州芝加哥第 58 街道 1101 号的建筑（芝加哥交易所）。

**潜在的波动性（Implied Volatility）** 给定市场指数的期权价格，市场对其波动性的评价。

**$\beta$ 系数（Market Beta）** 单个股票收益率对市场总收益率变化的敏感性。

**新金融学（New Finance）** 认为金融市场上定价的本质是基于直接经验检验的结果而不是由个体行为汇总出来的总体行为的理论推导。

**旧脑筋（Old Timers）** 20 世纪 20 年代末不相信股票估值新标准的人。

**价格推动的波动性（Price-Driven Volatility）** 股价的波动性是由于市场对其波动性猜测的变化所导致的反应。

**理性经济学模型（Rational-Economic Model）** 在有序的状态下理性行为加总得出的行为价格理论模型。

**真实信息序列（Real Information Set）** 与股价相关的信息而不是股价的历史。

**骑术表演者（Rodeo Driver）** 虚构的不拥有“水晶球”的资金管理者，他们偏好相对于现金流价格较高的股票。

**学生 *T*-检验（Student *T*-Statistic）** 均值与标准差之比。

**“理论”（如 CAPM，SLM，SLB，SLFB）（The Theory）** 是一种信念，认为所有投资者所持有的资产组合的均值—方差的特点与“工具”所发现的完全一致。

**“工具”（The Tool）** 给定目标期望收益率，寻找最低可能波动率的资产组合的过程。

**价值股（Value Stock）** 一种相对于当期现金流、盈利、红利和账面价值价格较低的股票，一般期望它的每股收益在未来较短的时间内具有比一般水平较低的增长。

**狂热分子（Zealot）** 真正相信“理论”或者“幻想”或者两者都相信的人。

# 译后记

金融学属于社会科学，既然附上“社会”一词，那么它的复杂性和多样性就是必然的。在已有的金融学研究范式中，经典的理性金融学和经典的行为金融学为我们提供了研究金融现象、参与金融活动和进行金融决策的各种理论、方法与工具。但似乎现实总会开些大大小小的“玩笑”，让我们在获得的数据和结论中迷惑，为什么数据反映不出理论？亦或为什么理论无法解释现象？于是，我们可能会问是否用第三只眼来看金融，反而看得清、道得明了呢？

罗伯特·A·豪根教授的《新金融学——过度反应、复杂性及其结果》（第四版）一书恰好为我们展示了这样的视角。与这本书有缘是早在 2003 年就曾经阅读过清华大学出版社出版的由赵冬青翻译的本书第二版。当时读后有两个突出的感觉：一是研究视角的新颖，提出了对有效市场的反例；二是专业性著作也可以写得轻松、自然。因此，当中国人民大学出版社崔惠玲编辑提出由我翻译第四版时便欣然受命。作者在这一版的命名上除保持新金融学的提法外，将“有效市场反例”换成“过度反应、复杂性及其结果”，我认为更能体现作者所提出的“新金融学”的实质。正是由于股票市场上存在各类投资主体交互影响的复杂性和过度反应，才导致出现理性金融学和行为金融学难以解释的现象和结果。换句话说，模型的推导和个体行为的判断很难把握市场的全貌，市场是动态的、无时无刻不在变化之中的，善于归纳与反省可能是更好的应对之策。2008 年次贷危机以来，全球经济复苏仍然步履维艰，在这样的背景下，静下心来回顾历史或展望未来，本书都是应读之作！

译者究竟能在多大程度上体现原书的全貌，对作者的意图能否没有遗漏地表达出来？回想翻译的过程，许多能意会却无法言传的地方至今让我难以释怀，自叹学识有限。衷心感谢张芳、许宁宁、杨倩、李振群在翻译过程中所提供的建议与帮助！当然，书中存在的错误或不足由我负责，敬请读者批评指正。

马亚

**图书在版编目（CIP）数据**

新金融学：过度反应、复杂性及其结果：第4版/豪根著；马亚译．—北京：中国人民大学出版社，2012.4
（经济学通识教育译丛）
ISBN 978-7-300-15063-5

Ⅰ.①新… Ⅱ.①豪… ②马… Ⅲ.①股票市场-研究 Ⅳ.①F830.91

中国版本图书馆 CIP 数据核字（2011）第 272626 号

经济学通识教育译丛
**新金融学——过度反应、复杂性及其结果（第四版）**
罗伯特·A·豪根 著
马 亚 译
Xinjinrongxue

| | | | |
|---|---|---|---|
| **出版发行** | 中国人民大学出版社 | | |
| **社　　址** | 北京中关村大街 31 号 | **邮政编码** | 100080 |
| **电　　话** | 010－62511242（总编室） | | 010－62511398（质管部） |
| | 010－82501766（邮购部） | | 010－62514148（门市部） |
| | 010－62515195（发行公司） | | 010－62515275（盗版举报） |
| **网　　址** | http://www.crup.com.cn | | |
| | http://www.ttrnet.com(人大教研网) | | |
| **经　　销** | 新华书店 | | |
| **印　　刷** | 北京东方圣雅印刷有限公司 | | |
| **规　　格** | 155 mm×230 mm 16 开本 | **版　　次** | 2012 年 11 月第 1 版 |
| **印　　张** | 10.75 插页 1 | **印　　次** | 2012 年 11 月第 1 次印刷 |
| **字　　数** | 153 000 | **定　　价** | 26.00 元 |